Quizás tiene conocimiento de algunas de las asombrosas ha-
zañas realizadas por animales; desde el salmón que navega a
través de cientos de millas en busca de su lugar de nacimiento para desovar, hasta los sabuesos que pueden rastrear
el más minúsculo rastro de un olor, con narices un millón
de veces más potentes que las nuestras.

Aunque los poderes psíquicos, como la comunicación
telepática, no han sido aún explicados por la ciencia mo-
derna, todos los animales, humanos o no humanos, tienen
ese potencial. Pero al igual que cualquier otro talento, el
poder psíquico debe ser desarrollado y practicado.

Sin importar cuál es la especie de su mascota —gato,
perro, caballo o hámster—, usted puede establecer una conexión psíquica con ella. ¿Ha pensado alguna vez en tener
una co
encue

*La
tie
v
p
p
a
L
c
r
r
l
n

Acerca del autor

Richard Webster nació en Nueva Zelanda en 1946, lugar donde aún reside. Él viaja frecuentemente alrededor del mundo, dando conferencias y conduciendo talleres sobre temas psíquicos. También ha escrito muchos libros sobre estos temas y además escribe columnas en revistas.

Richard está casado y tiene tres hijos. Su familia apoya su ocupación, pero su hijo mayor, después de observar la carrera de su padre, decidió convertirse en contador.

Muchos de los autores de Llewellyn tienen sitios en Internet con información y recursos adicionales. Para más información, visite nuestro website en:

http://www.llewellynespanol.com

los
Poderes
Psíquicos
de las
Mascotas

Richard Webster

Traducción al Español por:
Héctor Ramírez y Edgar Rojas

2003
Llewellyn Español
St. Paul, Minnesota 55164-0383, U.S.A.

PRIMERA EDICIÓN
Primera impresión, 2003

Diagramación: Alexander Negrete
Diseño del interior: Rebecca Zins
Diseño de la portada: Lisa Novak
Edición y coordinación general: Edgar Rojas
Fotos de la portada: © Photodisc
Ilustraciones del interior: Dep. de Arte de Llewellyn
Título original: *Is Your Pet Psychic?*
Traducción al Español: Héctor Ramírez y Edgar Rojas

Library of Congress Cataloging-in-Publication Data.
Biblioteca del Congreso. Información sobre esta publicación.
Webster, Richard, 1946–
    [Is your pet psychic. Spanish]
    Los poderes psíquicos de las mascotas / Richard Webster; traducción al español por, Héctor Ramírez y Edgar Rojas. —1st ed.

        p. cm.
        ISBN 0-7387-0193-9
        1. pets—Psychic aspects. 2. Extrasensory perception in animals. I. Title.

SF412.5 .W42518 2003
133.8'9—dc21

                                                    2002040670

Llewellyn Español
Una división de Llewellyn Worldwide, Ltd.
P.O. Box 64383, Dept. 0-7387-0305-2
St. Paul, MN 55164-0383, U.S.A.
www.llewellynespanol.com

Impreso en los Estados Unidos de América

Para mi buen amigo

Ken Ring

Contenido

INTRODUCCIÓN

Los amantes de los animales siempre han conocido los efectos beneficiosos de tener una mascota. Sin embargo, no fue sino hasta 1975 que dos investigadores ingleses, R.A. Mugford y J.G. M'Comisky, pusieron esto a prueba. Ellos entregaron aves enjauladas a doce jubilados, y otros doce recibieron una planta de maceta. Tres meses después, encontraron que los pensionados que habían recibido un ave, tenían una perspectiva más positiva de la vida y una mejor actitud hacia los demás, que aquellos a los que se les había dado una planta. Cinco años después, un estudio de personas con enfermedades del corazón encontró que era mucho más probable que los dueños de mascotas vivieran un año más que los pacientes sin un animal doméstico.[1] La investigación demostró que la posesión de una mascota era el factor más importante. No marcó diferencia que la persona fuera rica o pobre, o estuviera completamente sola o rodeada por amigos. Esto confirma la creencia de los nativos americanos de que sin animales "los hombres morirían por una gran soledad de espíritu, porque lo que le sucede a la bestia también le ocurre al hombre . . ."[2]

Las mascotas a menudo toman el papel de psicólogas y consejeras para sus dueños. Escuchando empáticamente, y respondiendo al lenguaje corporal y los pensamientos de sus amos, las mascotas rodean a los humanos con una energía curativa que remueve el dolor y el sufrimiento. Esta energía es más poderosa cuando se acaricia y mima a las mascotas mientras se les habla.

En los Estados Unidos existen más de dos mil programas donde voluntarios llevan sus mascotas a hospitales, casas de retiro y hospicios para alegrar y confortar a sus habitantes. Estos animales son frecuentemente conocidos como PAT ("pets as therapy" —mascotas como terapia—). También hay programas similares en algunas prisiones. Los internos que reciben visitantes animales son menos agresivos y tienen menor probabilidad de consumir drogas o suicidarse.[3]

Los dueños de mascotas son a menudo acusados de ser fanáticos de ellas. Una encuesta británica parece confirmarlo, ya que se encontró que el 64 por ciento de los propietarios de animales domésticos abrazaban más a su mascota que a su pareja. Otro estudio mostró que el 50 por ciento de los amos consideraban a sus mascotas más atractivas que sus parejas.[4]

A comienzos de los años ochenta, se estimó que cuarenta millones de familias en los Estados Unidos poseían perros y veintitrés millones gatos.[5] Si estas cifras son correctas, significa que hay un perro por cada seis seres humanos. El doctor Stanley Coren, profesor de psicología de la Universidad de Columbia Británica y autor de varios libros sobre perros, cree que hay un perro por cada cuatro familias en Norteamérica.[6] El doctor Bruce Fogle estimó que el 38 por ciento de los hogares en Estados Unidos tenía al menos un perro, y el 30 por ciento poseía mínimo un gato.[7] En 1998, fue estimado que habían 70 millones de gatos y 57 millones de perros en la unión americana. El 34 por ciento de la población tenía al menos un gato, el 37.8 por ciento mínimo un perro, y el 15.9 por ciento al menos un gato y un perro.[8]

Mi madre solía decirme que sólo gente amable tenía mascotas. Estoy seguro de que hay muchas personas maravillosas que no tienen un animal doméstico, pero de un modo general estoy de acuerdo con los comentarios de mi madre. Los dueños de mascotas son personas especiales que disfrutan una relación cercana y amorosa con sus amigos animales. No me sorprende que muchas de ellas tengan una constante comunicación intuitiva con sus mascotas.

La gente decide tener mascotas por muchas razones, entre ellas compañía y protección. Sin importar cuál sea la razón inicial, pronto se encuentran inmersos en una relación increíblemente cercana y especial. Muchos tienen una vida gratificante gracias al amor que comparten con sus mascotas. Los efectos curativos que los animales tienen sobre sus dueños son bien conocidos.

Invariablemente, los dueños de mascotas descubren que sus animales tienen capacidades superiores a lo que esperaban. Por consiguiente, no es sorprendente que tarde o temprano la mayoría de ellos se pregunten si su mascota es psíquica. A veces es difícil saber si el comportamiento de un animal tiene una explicación normal o paranormal.

Mi hija Charlotte trabaja para una estación de televisión y tiene horario irregular. Sin embargo, siempre sabemos cuándo está llegando a casa, porque su gato, Clyde, se sienta junto a la puerta principal diez minutos antes de que ella llegue. A través de los años, las personas han sugerido varias explicaciones para este comportamiento común. Tal vez Clyde siente que mi hija va a llegar, captando reacciones de los miembros de la familia. Esto no es probable, porque usualmente no tenemos idea de cuándo llegará. Quizás el gato oye que su auto se acerca. Sería sorprendente que pudiera oírlo cuando aún transita a diez minutos de la casa, pero es posible. Sin embargo, esta posibilidad fue refutada el día que Charlotte compró un auto nuevo. Diez minutos antes de que llegara a casa para mostrarnos su nueva adquisición, Clyde se sentó en su usual sitio a esperarla. Estoy seguro de que hay un lazo telepático especial entre Clyde y Charlotte, y esto le permite al gato saber intuitivamente cuándo ella se aproxima.

Alejandro Dumas (1802–1870), el famoso autor, tenía un gato que también sabía cuándo él se acercaba a la casa. Siendo joven, Dumas trabajaba para el Duc d'Orleans. La oficina estaba a una distancia de treinta minutos caminando desde la casa de Dumas. Cada mañana, su gato, Mysouff, recorría parte del trayecto con él. En la tarde, el animal regresaba al lugar donde los dos se habían separado y esperaba el retorno de su amo. Sin embargo, en los días que Dumas se demoraba inesperadamente, Mysouff se quedaba durmiendo tranquilamente sobre su cojín. Un día sí y otro no, el gato arañaba la puerta hasta que la madre de Dumas lo dejaba

salir. Como resultado, Madam Dumas lo llamó "su baróme-
tro", ya que siempre sabía cuándo su hijo estaba retrasado.[9]

Aun más extraordinario era Jim, un perro de Richard
St. Barbe Baker. Cada vez que él salía de casa, Jim lo despe-
día y lo esperaba para darle la bienvenida en su retorno. A
veces, Richard regresaba por una ruta diferente que lo llevaba a través de unas grandes puertas en la entrada a la casa de guarda. No importaba si él regresaba por la entrada
principal o la trasera; Jim siempre sabía, y estaba esperán-
dolo en el sitio correcto.[10]

Cuando era niño, mi padre atropelló accidentalmente y
mató nuestro gato. Él lo enterró cerca a un manzano en el
jardín, y luego se dirigió al trabajo. Ninguno de nosotros
supo que el gato estaba muerto hasta que mi padre regresó
a casa esa noche. Sin embargo, nuestro perro labrador sí lo
supo. Se acostó sobre la tumba del gato todo el día, y por el
resto de su vida lo siguió haciendo varias horas al día.

Un amigo mío relató una historia similar que involucraba una gata y un conejo. Después que este último murió, la
gata regularmente se sentaba sobre la tumba de su amigo.
Estas experiencias son comunes. Prácticamente cada vez
que cuento una de estas historias, alguien me comenta una
experiencia similar que le sucedió a una de sus mascotas.

Hace poco tiempo, una pareja me habló de su gato
Adolphe, un hermoso siamés de pelo largo. Tenía una maravillosa raza y sus dueños empezaron a exhibirlo en ex-
posiciones de gatos. A Adolphe le gustaba pasear en el
automóvil, pero odiaba los largos días en las exhibiciones.

La familia descubrió esto gradualmente, ya que el gato desaparecía poco antes que empezaran a alistarse para el evento. Incluso trataron de encerrarlo en la casa la noche anterior a una exhibición, pero eso tampoco funcionó. Tan pronto como su ama abría la puerta de su habitación la mañana siguiente, el gato salía corriendo y desaparecía en el jardín. Sólo regresaba cuando ya era muy tarde para ir al evento. Cuando la familia reconoció la indisposición del gato hacia esos espectáculos, dejaron de exhibirlo. Pasaron dos años, y la criadora de gatos que les había vendido a Adolphe preguntó si lo llevarían sólo una vez a una exposición especial, en la cual ella iba a recibir un premio. La familia estuvo de acuerdo, pero en la mañana del evento el gato no fue encontrado en ningún lado. Aunque estaban avergonzados de no poder cumplir la cita, no se sorprendieron, y no tienen intenciones de tratar de exhibirlo de nuevo.

Naturalmente, no todas las experiencias pueden ser llamadas psíquicas. Tuvimos un perro labrador de nombre Bruce, que iba al veterinario sólo cada vez que se sentía mal. El veterinario lo atendía y luego nos llamaba para que lo recogiéramos. Todos consideraban que este comportamiento era divertido y emocionante, pero era improbable que fuera psíquico. Bruce había aprendido de experiencias pasadas que el veterinario lo hacía sentir mejor. Por consiguiente, si se sentía mal, tenía sentido caminar un par de millas para ver a la persona que podía aliviarle el dolor.

Las películas populares, tiras cómicas y libros para niños contienen animales que hablan con otros miembros de su misma especie, y usualmente se comunican también con las personas. Este no es un fenómeno nuevo. Las leyendas populares de casi todos los países también contienen animales que hablan con la gente.

Por supuesto, los niños aprenden rápidamente que los animales no pueden hablar con nosotros de la misma forma que lo hacen en las películas. Sin embargo, se dan cuenta que pueden comunicarse con la gente todo el tiempo. Un gato con hambre y un perro que desea pasear, no tienen dificultad para comunicar sus deseos. El lenguaje corporal de las mascotas transmite información que leemos subconscientemente. Ellas, por supuesto, leen nuestro lenguaje corporal de la misma forma. No obstante, para muchas personas esto no es suficiente.

¿Es posible que usted y su mascota se comuniquen psíquicamente? Creo que la respuesta es "sí", pero con algunas condiciones. Su mascota se alegrará enormemente por la esperanza de comunicarse con usted de esta manera. Sin embargo, para que la comunicación sea efectiva, es importante que exista una relación cercana. Si su mascota es un perro guardián que pasa la mayor parte de su vida encadenado en una perrera en el traspatio, es improbable que usted haya desarrollado la relación hasta el punto que sea posible la comunicación psíquica. Obviamente, hay excepciones, pero por lo general los lazos de amor fuertes son esenciales para una constante comunicación intuitiva. Debe estar preparado para aquietar su mente y escuchar. Necesita ser paciente, respetuoso y abierto. No hay una manera determinada para hacerlo. Simplemente relájese y permita que suceda.

El doctor Rupert Sheldrake postula que hay un "lazo mórfico" que conecta los miembros individuales de un grupo, incluso cuando están bien separados. Estos vínculos no están limitados a miembros de la misma familia o grupo, y pueden presentarse entre animales de diferentes especies, por ejemplo entre humanos y mascotas. Los campos mórficos pueden expandirse indefinidamente, creando "canales para la comunicación telepática."[11]

Los ejercicios presentados en este libro ayudarán a que usted y su mascota desarrollen el potencial psíquico natural, posiblemente latente, que yace en todos los seres vivos. Mientras experimenta con ellos, tendrá cada vez un mayor respeto por las maravillas de la naturaleza, y estrechará aun más el vínculo con su apreciada mascota. Es un viaje muy gratificante.

*E*n el ojo de cada animal hay una débil imagen y un destello de humanidad, un brillo de luz extraña a través del cual su vida observa nuestro gran misterio de tener el mando sobre él, demandando el compañerismo de la criatura, o tal vez del alma.
—John Ruskin

1

Los asombrosos talentos naturales de los animales

Todos los seres vivos son producto de la evolución. Han ocurrido cambios graduales durante millones de años, y cada especie ha evolucionado de diferente forma. Por consiguiente, aunque nuestras mascotas viven en el mismo mundo que nosotros habitamos, ellos lo experimentan de forma distinta. Por ejemplo, los perros viven en un mundo de olores. También tienen mayor capacidad auditiva que nosotros; pero son parcialmente ciegos para los colores (acromatópsicos), y sus vidas son mucho más grises que la nuestra.

Es importante reconocer que muchas de las asombrosas cosas que hacen los animales no son de naturaleza psíquica, pero se relacionan con diferentes habilidades naturales.

En el siglo I, Plinio el Viejo escribió acerca de la espantosa capacidad de las rayas (o pez torpedo) para paralizar a quien se le acerque demasiado. Esto sucedió diecisiete siglos antes que la electricidad fuera descubierta, y las características de este pez deben haber parecido sobrenaturales. Hoy día, este animal es llamado "pez eléctrico", y puede generar una corriente de alto amperaje y 90 voltios. Esta descarga es poderosa, pero no se compara con los increíbles 550 voltios generados por la anguila eléctrica.

Nosotros, al igual que otros animales, respondemos a estímulos que son significativos para nuestro ser, e ignoramos una gran cantidad. Algunos animales pueden tener nuestros mismos sentidos, pero los usan de forma diferente y en distintos grados, dependiendo de sus capacidades naturales.

Por ejemplo, los perros y gatos tienen una capacidad para oír mayor que la nuestra. Los gatos poseen un rango auditivo entre sesenta y sesenta y cinco mil ciclos por segundo. Los perros pueden oír entre quince y cincuenta mil, mientras los humanos oímos en una frecuencia cercana a veinte mil.

Solía pensarse que los elefantes se comunicaban telepáticamente cuando estaban en dificultades o con dolor. Sin embargo, ahora es sabido que se llaman entre sí en un nivel muy por debajo de lo que el oído humano puede escuchar. El rango auditivo de los elefantes está entre cinco y dieciocho mil ciclos por segundo. Por consiguiente, pueden comunicarse en largas distancias, usando infrasonido que está por debajo del rango auditivo de la mayoría de los animales. Esto empieza con un rugido bajo en la garganta del elefante, que es amplificado por un área hueca justo abajo de la frente, y dirigido hacia afuera. Los elefantes que están a miles de millas, pueden oír al que está afligido y venir a ayudarlo.[1]

Las ranas tienen un sentido del oído muy especializado. Todo lo que oyen son los sonidos de potenciales enemigos o compañeros. Esto es lo que realmente necesitan oír. También encuentran la presa usando su aguda visión.[2]

Frecuentemente los animales tienen un sentido del olfato mucho más fuerte que el nuestro. Por ejemplo, cuando un gato decide hacer amistad con un extraño, frota su cara y cuerpo contra las piernas de la persona, depositando un olor que le ayuda a reconocerla en el futuro. Los gatos salvajes también se frotan entre sí de la misma manera, ganando sensaciones de seguridad del olor del grupo. Los gatos tienen glándulas olfativas en sus sienes, la base de la cola y en las comisuras de la boca, para canjear olores con nosotros. Los gatos desean que las personas en sus vidas tengan un olor familiar. Esto los hace sentir seguros y sus humanos se sienten queridos.[3] Es interesante ver que los gatos no se frotan sobre personas que no quieren.[4]

Los perros poseen un extraordinario sentido del olfato heredado de los lobos, sus ancestros. Los humanos poseemos cinco millones de células sensorias olfativas. Esto no es nada comparado con los perros. Un dachshund tiene cerca de 125 millones de estas células, mientras un perro pastor posee 220 millones. El sentido del olfato de un sabueso es un millón de veces más potente que el nuestro.[5]

Cuando un humano camina descalzo, deja cien billonésimas de onza de sudor en cada pisada. Cualquier perro puede rastrear esta diminuta cantidad con una exactitud que parece sobrenatural. El sentido del olfato de un sabueso es tan increíblemente sensible y preciso, que tiene la distinción de ser "el único animal cuyo 'testimonio' puede emplearse como evidencia en las cortes de Estados Unidos".[6] El olfato del perro es aún la forma más efectiva de localizar personas enterradas en avalanchas de nieve. Los detectores de sonido y otros aparatos hacen su parte, pero son lentos y muy voluminosos comparados con los "husmeadores" perros.

Algunos animales deliberadamente dejan su olor en ciertos lugares para marcar su territorio. Los perros, por supuesto, hacen esto con sus heces y orines. A propósito, ellos esparcen la tierra con sus patas después de defecar. Esto se debe a que tienen glándulas sudoríparas entre sus dedos, y tal acción les permite adicionar otro olor al lugar.

Las hormigas viajan en fila, siguiendo el olor dejado atrás por una de ellas que ha encontrado una fuente de alimento.

El salmón usa su potente sentido del olfato para regresar al río donde nació. Puede sentir el agua específica, incluso si el río se bifurca. Si accidentalmente toma el camino equivocado, rápidamente se da cuenta y se devuelve río abajo hasta sentir de nuevo el olor. Luego sigue la dirección correcta que lo conduce a casa.

La vista de muchos animales es mucho más aguda que la nuestra. Las aves de rapiña están alerta al más leve movimiento en el paisaje bajo ellas, porque usan una parte mucho más grande del espectro de luz que nosotros utilizamos.

Incluso hay animales que pueden ver la parte infrarroja del espectro. Algunas especies de víboras es un ejemplo de esto. Aún los tímidos peces dorados tienen una visión que oscila entre el ultravioleta y el infrarojo.[7]

Muchos animales son sensibles a campos magnéticos. Esto explica algunas de las increíbles habilidades de las aves migratorias, abejas domésticas e incluso el lento caracol. Esto también explica por qué las ballenas pueden viajar miles de millas en sus migraciones anuales.

El magnetismo es la explicación para la famosa migración de unas cien millones de mariposas Monarca desde México a Carmel, en California, cada año. Los insectos que hacen el viaje están varias generaciones distantes de los que emigraron el año anterior, pero pueden regresar a un árbol específico una vez ocupado por sus ancestros. Debido a que sus cuerpos contienen diminutas cantidades de magnetita, los científicos creen que estas mariposas usan una combinación de la posición del Sol y el campo magnético de la tierra, para poder viajar las 2.500 millas a California cada año.

La magnetita también es encontrada en los cuerpos de muchos otros animales, incluyendo el atún, tortugas, aves y ratones. Aún continuan las investigaciones sobre el papel que juega la magnetita en estos animales.

Esta capacidad puede a veces ser peligrosa. Parecen que las ballenas quedan atrapadas masivamente en ciertas áreas, a causa del bajo magnetismo que las conduce del mar a la orilla.[8] Aparentemente, las ballenas usan curvas de nivel magnéticas e invisibles como vías para viajar, y aún no se sabe exactamente cómo lo hacen.

Los animales se comunican entre sí en una variedad de formas. Las abejas domésticas usan una especie de dansa para comunicar dónde se puede encontrar fuentes de néctar y polen.

Aunque no podemos escucharlo con nuestros oídos, los peces hablan entre sí incesantemente. Esto fue descubierto durante la II Guerra Mundial, cuando se colocaron hidrófonos bajo el agua para advertir el acercamiento de submarinos alemanes. Para la sorpresa de todos, se detectó una variedad de gemidos y golpes secos. Hasta entonces, se creía que el mar era un mundo silencioso. Una noche, en la bahía de Chesapeake, los micrófonos registraron sonidos que alertaron a las autoridades. Enormes cantidades de cargas de profundidad fueron detonadas en la bahía. La mañana siguiente, no se encontraron restos de submarinos, pero el área estaba llena de peces muertos.[9]

Las aves cantan por varias razones. A veces lo hacen para informar su localización, en otras ocasiones, para sugerir algo a la pareja. Incluso puede tratarse de una razón emocional que aún no entendemos.

Lo que hemos mencionado aquí ha sido considerado "psíquico" en algún momento. Sin embargo, todo puede ser explicado lógicamente. Por lo tanto, debemos ser cuidadosos al aplicar una explicación paranormal a las actividades de cualquier animal.

Como humanos, tendemos a decir que las extraordinarias actividades de los animales son simplemente producto del "instinto". Muchas personas encuentran difícil aceptar que los animales tienen el poder del pensamiento, y pueden meditar, recordar, imaginar, crear, tomar decisiones y actuar de acuerdo a ellas. Incluso la abeja doméstica tiene esta capacidad.

Durante doscientos años, los abejorros han polinizado los cultivos de alfalfa en Norteamérica. Estos abejorros vivían en los cercados de arbustos o árboles pequeños y en las orillas de los bosques. Sin embargo, debido a que los modernos métodos de agricultura prácticamente han eliminado su habitat, los abejorros han sido reemplazados por abejas domésticas que pueden ser trasladadas de un lugar a otro.

Las flores de alfalfa tienen anteras durante la primavera que golpean el polen sobre las abejas. Esto da buenos resultados con los abejorros, pero las pequeñas abejas domésticas rápidamente aprenden que reciben una sacudida si se acercan a las flores de alfalfa de la manera normal.

Por consiguiente, muchas de las abejas ignoran estas flores y buscan el néctar en otra parte. En áreas donde no hay más fuentes de néctar, las abejas han ideado un sistema para remover el jugo azucarado por el lado de la flor, evitando así el intenso golpe de las anteras.[10]

¿Esto es premeditado o es instinto? Las abejas domésticas han aprendido de la experiencia que pueden ser heridas e incluso atrapadas por la alfalfa. La solución lógica es simplemente evitar las flores de esa planta. Eso es lo que hacen cuando hay sustitutas disponibles. Sin embargo, las abejas parecen haber pensado acerca de la situación, y han desarrollado un método alternativo para extraer el néctar.

Por supuesto, debe haber otra explicación aún desconocida, pero parece ser una señal de inteligencia y pensamiento. Si una abeja tiene esta habilidad, imagine el potencial de su mascota.

Todos estos son talentos naturales que poseen diferentes animales. Sin embargo, también tienen habilidades psíquicas. Por ejemplo, muchos pueden comunicarse entre sí telepáticamente. Una jauría de lobos cazando puede comunicar sus intenciones de una manera extraña. Cada lobo parece saber lo que los otros están pensando mientras planean sus movimientos y capturan la presa. Es como si alguien estuviera observando desde arriba y dirigiendo toda la escena. Un banco de peces da la vuelta simultáneamente, como siguiendo una orden silenciosa. Bandadas de aves operan de la misma forma. ¿Cómo saben la dirección y el momento exactos para girar?

Los animales también pueden usar la clarividencia. ¿Cómo pueden encontrar su camino a casa en largas distancias y lugares desconocidos? Enfrentados a una bifurcación en su viaje, infaliblemente escogen el camino correcto.

Josef Schwarzl, un mecánico de San José, California, le debe la vida al poder clarividente de Toby, su perro labrador dorado. Un día, mientras trabajaba, Josef se vió afectado por el monóxido de carbono del tubo de escape de un auto. Al mismo tiempo, Toby, quien estaba en casa a cuatro millas de distancia, repentinamente se agitó e insistió que lo dejaran salir por la puerta principal. La madre de Josef abrió la puerta, e inmediatamente el perro corrió apresurado hacia el garaje donde su amo yacía inconsciente. La madre de Josef lo siguió en su auto y llegó a tiempo para atender la emergencia. Josef se recuperó en el hospital; su vida fue salvada por la clarividencia de Toby.[11]

La precognición, o capacidad de ver el futuro, es común en muchos animales. El doctor J. B. Rhine escribió que entre sus casos reportados de "comportamiento inusual en animales, hay un gran número en los cuales la reacción es considerada premonitoria".[12]

Un muy conocido ejemplo de esto es la habilidad de las ratas para abandonar una embarcación que poco después se enfrenta a un naufragio inminente. ¿Cómo lo saben? Los animales usualmente presienten cuándo un terremoto está por ocurrir. Pueden enterarse a través de cambios sutiles que no percibimos; pero, la capacidad de las ratas para saber si una embarcación llegará o no al próximo puerto, desafía cualquier explicación diferente a la precognición.

Los animales con frecuencia saben cuándo está a punto de suceder un desastre. A. H. Crowther experimentó esto al recibir una llamada telefónica que le informó sobre el inminente desbordamiento del río Des Moines. Se fue en ayuda de un granjero local que debía llevar los cerdos y el ganado a un terreno alto. Mientras hacían esto, observaron una zarigüeya con su cría en el lomo, trepando la colina. Luego vieron una marmota haciendo el mismo viaje. Poco después divisaron una mofeta madre llevando a su familia lejos del río. Estos animales eran seguidos por un conejo y un mapache, todos avanzando cuesta arriba.[13]

En 1989, Jim Berkland, un geólogo del condado de Santa Clara, California, predijo el terremoto de Lomo Prieta.

Él lo hizo usando una variedad de métodos, incluyendo la combinación de las estadísticas de mareas con las posiciones del Sol, la Luna y la tierra. Sin embargo, su método más útil fue la observación del número de anuncios de gatos perdidos en los periódicos locales. Berkland dice que después de una década de observación, ha notado que los gatos tienden a desaparecer poco antes que ocurra una actividad volcánica.[14]

El primer caso registrado del comportamiento extraño de animales antes de un terremoto data del año 373 a. de C. Ese año, Helice, una ciudad de Grecia, fue destruida por un sismo y se hundió en el mar. El historiador griego Diodoro Sículo escribió que las ratas, serpientes, comadrejas, ciempiés, gusanos y escarabajos se habían dirigido tierra adentro en grandes números antes de la erupción.[15]

Incluso los antiguos romanos eran conscientes del cambio en el comportamiento de los animales antes de un terremoto. Plinio el Viejo comentó esto en su segundo tomo de su *Historia Naturalis*: "Ni siquiera las aves se quedaron quietas, libres de temor".[16]

Si tal información ha sido conocida por más de dos mil años, ¿no es extraño que los científicos le presten tan poca atención al asunto? Es como si los animales no hicieran saber su miedo. Antes de un sismo en Messina en 1783, el aullido de los perros en las calles fue tan fuerte, que las autoridades ordenaron matarlos.[17]

Los chinos fueron los primeros que pronosticaron exitosamente un terremoto de gran magnitud, usando una variedad de métodos, pero con énfasis en el comportamiento de animales. La exitosa predicción del terremoto de Haicheng, ocurrido el 4 de febrero de 1975, probó una vez más que era una realidad todo lo que antes había sido considerado superstición. Desafortunadamente, los chinos no continuaron practicando lo aprendido. El 28 de julio de 1976, un estimado de 655.000 personas murió en el terremoto de Tangshan.[18]

En su libro *When the Snakes Awake*, Helmut Tributsch lista un gran número de casos registrados de comportamiento animal inusual antes de un sismo. Estos incluyen aves marinas volando tierra adentro, gallinas descansando hasta tarde en la percha, vacas entrando retrasadas al establo o renuentes a hacerlo, venados y otros animales de caza saliendo del bosque e incluso acercándose a la gente, hormigas agitadas, peces saltando fuera del agua, gallos cantando persistentemente en la noche, pájaros reuniéndose y dando vueltas, gatos maullando y desapareciendo, osos y serpientes saliendo de su hibernación, y la repentina desaparición de moscas.[19]

Esta clase de comportamiento ha sido observado durante miles de años, y es otro ejemplo de un talento que los animales poseen. Si los humanos alguna vez lo tuvimos, de algún modo lo perdimos en los últimos miles de años. ¿Cómo lo hacen los animales? Actualmente nadie lo sabe, aunque se han formulado muchas teorías. Hay cambios en los campos magnéticos de la tierra antes de los terremotos, y muchos animales los perciben. También hay variaciones en los campos eléctricos del planeta. Algunos animales pueden oír el mismo inicio de un sismo, mucho antes de que los humanos lo perciban. Algunos animales pueden incluso sentir movimientos en la corteza terrestre. Otros huelen gases de la tierra. Tal vez estas criaturas usan su capacidad precognitiva natural.

La telepatía, clarividencia y precognición también son capacidades inherentes en los humanos, aunque muchas personas traten de negarlo.

Por ejemplo, dos perros pueden comunicarse telepáticamente entre sí. Esta es una forma de comunicación dentro de una especie. Sin embargo, también es posible la comunicación entre diferentes especies. Esto significa que usted tiene la habilidad de intercambiar mensajes telepáticos con su mascota. En realidad, probablemente ya lo ha hecho muchas veces, sin ser consciente de ello. Este libro le enseñará cómo hacerlo conscientemente, de una forma que los beneficie a los dos, a usted y su mascota. La relación que tienen será enriquecida y se hará aun más cercana.

Las experiencias de mi hija con Clyde, nuestro gato, confirma lo anterior. Otros casos incluyen al eminente actor del siglo XIX William Terries, quien fue apuñalado mortalmente en Londres. En el momento de su muerte, su fox-térrier, que estaba en Bedford, empezó a correr de un lugar a otro, aullando con rabia y temor.[20]

Probablemente el caso más extraordinario que he conocido involucra a un perro llamado Héctor. Este caso incluye precognición además de telepatía. Él fue observado en los muelles de Vancouver abordando cuatro barcos diferentes. El día siguiente, el SS *Hanley* salió del puerto hacia Japón, y Héctor fue encontrado en él. La tripulación estaba encantada de tener el perro a bordo, pero el animal permanecía apartado. Su estado de ánimo cambió a medida que se acercaron a Japón. El barco ancló en Yokohama, cerca a un buque holandés. Un pequeño bote fue lanzado de este último y Héctor saltó al mar y nadó hacia él. El amo del perro estaba en dicho bote. ¿Cómo se las arregló Héctor para hacer esto? Primero que todo, debe haber decidido en cuál de los cuatro barcos debía meterse en Vancouver, y en segundo lugar, de algún modo adivinó que el buque holandés donde estaba su amo estaría en el puerto al mismo tiempo que el SS *Hanley*.[21]

*C*uando juego con mi gata, ¿quién sabe si se
está divirtiendo conmigo más que yo con ella?

—MONTAIGNE (1533–1592)

2

El misterioso gato

Los perros fueron domesticados hace catorce mil
años, pero nuestra relación con los gatos se remonta
a la mitad de ese tiempo. La más antigua evidencia de gatos
domesticados data de siete mil años atrás y fue descubierta
por Alaine le Brun, una arqueóloga de Khirokitia, Chipre.

Los gatos no eran considerados valiosos hasta que la humanidad se tornó agrícola y se inició el almacenamiento de
alimentos para posterior uso. Su presencia fue bienvenida
porque acababan con el problema de ratas y ratones.

No es sorprendente que los gatos fueran venerados y
adorados en el pasado. Se consideraban sagrados en el antiguo Egipto, y era ilegal matarlos. Muchos fueron momifica-
dos, y hasta hace unos cien años las momias eran molidas y
vendidas como abono.[1]

Estos animales tienen un sentido de misterio, frialdad e independencia, que constantemente hace que sus dueños se pregunten quién es verdaderamente el amo. Los gatos nunca entregan una parte de su individualidad. El hecho de que vivan exitosamente en dos mundos a la vez, los convierte en las mascotas más fascinantes. Su gato podría estar durmiendo tranquilamente en sus piernas, y momentos después correr y proteger su territorio y estar dispuesto a capturar una presa.

Los gatos están muy bien adaptados al mundo en que viven. Poseen una columna vertebral flexible que les permite girar el cuerpo de una forma imposible para otros animales. Esto hace que puedan arquear el lomo mientras se estiran, y enroscarse bien cuando duermen. El éxito que tienen como cazadores es en parte debido a sus poderosas patas posteriores e increíble agilidad. Sin embargo, también usan el oído, gusto, tacto, olfato y vista. De éstos, el más importante es su increíble sentido de la vista.

Estos pequeños mamíferos pueden ver claramente, incluso en una oscuridad casi total. Los ojos reflejan la luz a la retina. Esto aumenta la intensidad de cualquier luz disponible, y también hace que los ojos parezcan brillar en la oscuridad. Estos últimos son poco comunes porque el campo visual de cada ojo traslapa ligeramente el otro. A esto se le llama visión binocular, y permite a los gatos localizar su presa con increíble precisión, ya que cada ojo envía al cerebro mensajes diferentes sobre tamaño y distancia.

Los gatos están cubiertos de pelos, y algunos de éstos se han modificado para actuar como órganos sensoriales.

Los bigotes son los sensores obvios, pero también tienen pelos sensorios encima de los ojos y a los lados de la cabeza. Estos están conectados a nervios en la piel y son muy sensibles. A propósito, los bigotes de los gatos son los primeros pelos que se desarrollan en la matriz.

Los gatos tienen un buen sentido del oído, y pueden captar sonidos mucho más agudos que los percibidos por humanos. Esto se debe a que sus presas naturales, tales como roedores y pájaros, hacen sonidos agudos. Sus oídos poseen una docena de músculos que les permiten moverse 180 grados en dirección de cualquier sonido; también contienen canales semicirculares que les proveen su infalible sentido del equilibrio. Esto permite que caigan sobre sus patas después de una caída.

Los gatos tienen un sentido del olfato estimado como cuatro veces más potente que el de los humanos. También poseen un órgano olfativo sobre el paladar, conocido como órgano de Jacobsen. Rastros de olores son cogidos del aire sobre la lengua, y luego son presionados contra el órgano de Jacobsen, que los traslada al cerebro. Este sentido, que parece ser una mezcla de gusto y olfato, es algo de lo que el ser humano carece completamente.

No se sabe exactamente cómo y por qué los gatos ronronean. Se cree que membranas cercanas a las cuerdas vocales, vibran para crear el reconfortante sonido de un ronroneo. Cuando los gatos ronronean, normalmente pensamos que están contentos. Sin embargo, también lo hacen cuando se encuentran enfermos o heridos. Los investigadores de la Fauna Communications Research Institute, en Carolina del

Norte, creen que el ronroneo actúa de manera similar al ultrasonido, y ayuda a los huesos y otros órganos a sanar y crecer. En otras palabras, promueve la curación natural.[2]

Las habilidades psíquicas de los gatos han sido conocidas durante miles de años. Los antiguos egipcios llamaban al gato *mau*, "el vidente". La palabra egipcia *mau* significa "ver". Esto parece significar no sólo la capacidad de ver el futuro, sino también la posibilidad de observar cosas que la mayoría de nosotros no puede.

Parece que los gatos son sumamente sensibles a los fantasmas; discutiremos esto en el capítulo 7. También son sensibles a los cambios eléctricos y magnéticos en la atmósfera. En los días que antecedieron al sismo de gran magnitud en el Norte de Italia, en mayo de 1876, la gente notó el extraño comportamiento de los animales. Los ciervos salvajes bajaron de las colinas, los gatos salieron de casa, los perros ladraron, e incluso ratas y ratones salieron al aire libre en pleno día.[3]

Hay un caso interesante en el cual dos gatos salvaron la vida de su amo antes de otro terremoto de gran magnitud en Italia, esta vez en Messina. Un comerciante de esa ciudad observó a sus gatos arañando violentamente la puerta de su habitación. Cuando la abrió, ellos corrieron apresurados a la puerta principal y empezaron a hacer lo mismo. Dejó que salieran y los siguió por las calles hasta un campo abierto. Incluso en este lugar estaban perturbados, y "frenéticamente rasguñaron la hierba."[4] Poco después, ocurrió la primera sacudida del sismo, y la casa del comerciante, junto con muchas otras, fueron destruidas.

Es claro que los gatos son muy buenos para predecir terremotos. Se han sugerido varias razones para esto. Tal vez
son tan sensibles a las vibraciones de la tierra, que pueden
percibirlas incluso antes que los instrumentos las detecten.
Es posible que respondan al rápido aumento de la electricidad estática que precede los sismos. Tal vez son muy sensibles a los cambios repentinos en el campo magnético de la
tierra; o quizás esta capacidad es psíquica, ya que los gatos
son indudablemente bastante psíquicos.

Un ejemplo interesante, en el cual la premonición de un
gato salvó a su cría, ocurrió en la iglesia de San Agustín, en
Londres, durante la II Guerra Mundial. El párroco había
adoptado una gata sin hogar que llamó Faith. Ella amaba la
iglesia y a veces asistía a los servicios religiosos, sentada derecha y poniendo atención todo el tiempo. En 1940, Faith
tuvo una gatita, que la familia llamó Panda. El 6 de septiembre, Faith empezó a agitarse y cuidadosamente examinó todas las habitaciones de la parroquia. Finalmente, tomó a
Panda y desapareció. El párroco las encontró postradas en
una pequeña abertura de una pared tres pisos por debajo
del nivel del suelo. Él subió la gatita cuatro veces, pero Faith
inmediatamente la bajaba. Finalmente, el párroco se rindió,
y llevó la cesta del animal a su nuevo hogar. Tres días después, mientras el párroco estaba afuera, la parroquia fue
bombardeada y quemada completamente. El religioso llamó
a Faith y escuchó una vaga respuesta. Los bomberos pudieron liberar a la ilesa madre y su cría minutos antes de que el
piso se derrumbara en llamas.[5]

Mi hermana, Penny, me recordó un ejemplo de precognición de un gato que yo había olvidado. Cuando éramos niños, nuestros padres alquilaban una casa vacacional cada año, en un centro turístico junto al mar. La mujer mayor dueña de la casa, tenía una gran gata negra. El primer año que nos quedamos ahí, la anciana nos dio la bienvenida cuando llegamos, nos presentó a su gata y dio instrucciones detalladas de cómo cuidarla. Media hora después de que la mujer se marchó, la gata desapareció y no regresó hasta el día que empacábamos para retornar a casa. Habíamos pasado todas las vacaciones preocupados por la gata, pero apareció sana y había sido cuidada bien.

El año siguiente, sucedió exactamente lo mismo. La gata esperó hasta que nos instalamos y luego se alejó durante tres semanas, regresando el día que partíamos. Hizo esto durante cinco años. Ninguno de nosotros la veía en las tres semanas que estábamos en casa. Sin embargo, de algún modo sabía exactamente cuándo regresaría su ama, y llegaba a los escalones exteriores de la puerta una hora antes de que ella apareciera.

Los antiguos egipcios domesticaron gatos salvajes africanos para ayudar a controlar las ratas que estaban diezmando sus provisiones de grano. Durante un período de tiempo, los gatos se volvieron cada vez más importantes en la sociedad egipcia, hasta que finalmente fueron adorados. Bastet, la diosa de la fertilidad, era representada de dos formas: con el cuerpo de una mujer y la cabeza de una gata, o como una gata sentada. Debido a que los egipcios creían que los ojos del gato podían conectarse con los rayos del Sol, Bastet también era considerada responsable del poder, la fuerza y el calor del astro rey. Uno de los nombres dados a Ra, el dios solar, era "el gran gato". Bastet estaba estrechamente relacionada con Isis. Por consiguiente, los gatos eran una parte importante de cada templo de Isis. Es posible que la distribución de gatos por toda Europa y el Medio Oriente empezara mientras crecía el culto de Isis y los templos también aumentaban gradualmente.[6]

El increíble poder que los gatos ejercían fue demostrado durante una guerra entre Persia y Egipto. Según la leyenda, el rey persa dio gatos a todos sus soldados de línea de frente, para que los usaran como escudos. En lugar de matar estos gatos, los egipcios se rindieron.[7]

Una historia similar menciona al rey persa Hormus, quien estaba siendo atacado por un ejército de trescientos mil hombres. Un misterioso anciano apareció y le dijo al rey que derrotaría al enemigo en un solo día, si podía encontrar un hombre con cara gatuna que guiara su ejército. El rey buscó frenéticamente tal hombre. Finalmente, fue encontrado un montañés que tenía claramente dichos rasgos. El rey lo hizo general y lo puso a cargo de su ejército. Aunque los persas tenían sólo doce mil hombres, con ese líder al comando, derrotaron al enemigo en un día.[8]

Es interesante especular cómo el gato, anteriormente venerado y adorado, gradualmente se fue relacionando con el mal y lo diabólico. Tal vez esto sucedió porque los gatos pasan la mayoría del tiempo en casa por la noche, las horas más temidas por los medievales. Sus idas y venidas silenciosas hicieron que muchas personas se preguntaran si posiblemente estaban espiando en favor del diablo. En 1484 el papa Inocencio VII inició una inquisición contra los gatos, y millones de ellos fueron torturados y ultimados.

En la Edad Media también se creía que las brujas podían colocar sus almas en los cuerpos de gatos negros. Aquellas supersticiosas estaban muy dispuestas a creer en historias como ésta, y empezaron a perseguir los gatos además de las brujas. Afirmaban que estas mujeres habían hecho un pacto con el diablo. Se creía que tenían poderes sobrenaturales que usaban para vengarse, iniciar pestes, secar la leche de madres lactantes, y causaban impotencia o esterilidad. No es extraño que fueran temidas. Los gatos negros se convirtieron en un presagio de mala suerte y desgracia; muchos fueron aniquilados, porque la población creía que haciéndolo estaban realmente matando brujas.[9] Incluso hoy día, muchas personas asocian los gatos negros con mala suerte.

Hay muchas historias que dicen cómo las brujas podían convertirse en gatos. Una muy conocida involucra a un escocés llamado William Montgomery. Una noche, en 1718, él fue despertado por los sonidos de gatos chillando. Cuando salió a ver lo que estaba sucediendo, varios gatos trataron de arañarlo. Enfurecido por esto, Montgomery cogió un hacha para defenderse. Mató dos de sus agresores e hirió a algunos de los otros. La mañana siguiente, dos mujeres mayores de su aldea fueron encontradas muertas en sus camas y otra tenía una pierna herida que no podía explicar. William Montgomery pensó que estas mujeres eran brujas que se habían convertido en gatos para atacarlo.[10]

Los gatos también fueron perseguidos en China. Esto se debía a que las personas involucradas en magia negra usaban gatos para robar dinero y hacer daño a la gente de diversas formas. El problema se hizo tan grande, que en el año 598 el emperador Khai-hwang ordenó que quien estuviera involucrado con gatos sería desterrado a las más duras regiones del imperio.[11] Los antiguos chinos también creían que los gatos podían advertir el acercamiento de demonios en la oscuridad.[12]

Es curioso ver cómo las supersticiones varían de país a país. En Inglaterra se considera señal de buena suerte que un gato negro se acerque a una persona. En los Estados Unidos cuando un gato se cruza en el camino de una persona, es indicación de mala suerte. Sir Winston Churchill consideraba de buen agüero a su gato negro. Un diminuto gatito de este color llegó a 10 Downing Street el día que Churchill dio un discurso en la conferencia anual del partido conservador en 1953. El discurso fue muy importante para Sir Winston, pues la gente decía que él estaba demasiado viejo y debía retirarse. La conferencia fue exitosa, y Churchill llamó al gato Margate, el nombre del lugar donde fue realizado el discurso.

El rey Carlos I también tenía un gato negro. Se dice que cuando éste murió, el rey dijo "mi suerte se ha ido". El día siguiente fue arrestado.[13]

Es asombroso que las ratas hayan sido las salvadoras de los gatos en Europa. Soldados que regresaban de las cruzadas, accidentalmente trajeron ratas con ellos. En menos de cincuenta años estos roedores se habían diseminado por toda Europa, destruyendo gran parte de los granos cosechados y esparciendo la peste a su paso. Repentinamente, los gatos fueron nuevamente necesitados.

Cuando estaba creciendo, siempre tuve al menos un gato, y a veces dos. De niño, mi gato favorito fue Ting, un siamés. Debido a que él usaba la ventana de mi alcoba para entrar y salir de la casa, y también dormía en mi cama todas las noches, desarrollamos un vínculo especial. Él era afable y afectuoso, además toleraba mis juegos pueriles y mi genio. El gato me decía cuándo estaba cansado de saltar en mis brazos, terminando así el juego. La mayoría de mañanas me despertaba jugando con mis pies. Si él estaba listo para ir a la cama y yo no me encontraba ahí, acariciaba mis piernas para recordarme que era hora de acostarse. Una noche, llegó a casa con un gran ganso. Esto nos hizo pensar que era un maravilloso cazador. Sin embargo, después que murió, descubrimos que había robado el ganso de la cocina de un vecino.

Ting nunca mostró interés por el teléfono hasta que Meredith, mi hermana menor, ingresó al hospital para una larga estancia. Siendo los años sesenta no era fácil para Meredith llamarnos del hospital, pero siempre sabíamos cuándo lo hacía, ya que Ting estaba sobre la mesa del teléfono, frotando su cara contra el aparato antes de que este timbrara.

Ting también salvó la vida de Bruce, nuestro perro labrador. En el curso de una pelea con un pastor alemán, Bruce había perdido la mitad de una oreja. Ting corrió hacia la casa y agitadamente nos alertó del peligro. Luego regresó a la calle, donde Bruce yacía indefenso en un charco de sangre, mientras el pastor alemán continuaba su ataque. Si Ting no nos hubiera avisado, probablemente nuestro perro habría muerto desangrado.

Durante la II Guerra Mundial, los gatos percibían los ataques aéreos mucho antes que los aviones alemanes fueran detectados por el radar. Ellos corrían apresurados hacia los refugios contra bombas, seguidos por las personas. Es imposible estimar cuántas vidas salvaron los gatos de esta forma.

A diferencia de los perros, los gatos son criaturas solitarias. Su aparente aislamiento es seductor para algunos, pero molesto para otros. Los gatos poseen una capacidad psíquica excepcional, y la usan junto a sus otros cinco sentidos para permanecer conscientes de todo lo que sucede en el mundo que los rodea. Constantemente reciben información mental, física y psíquicamente, y esta información es inmediatamente procesada y respondida.

Los gatos usan todo el cuerpo para comunicar sus deseos y sentimientos. Emplean el lenguaje corporal todo el tiempo para lograr sus propósitos. Bailan frente a sus dueños y se frotan en sus piernas, con la cola levantada y moviéndose. Ronronean al mismo tiempo para adicionar otro elemento al rito.

Cuando teníamos gatos siameses, siempre anhelaba llegar a casa del trabajo por la bienvenida que me daban. Tan pronto como me veían, corrían hacia mí con sus colas levantadas, maullando de placer por mi regreso. Se frotaban contra mis piernas, danzando y mostrando su agrado.

Los gatos son magníficos para llamar la atención. También son buenos actores cuando lo requieren. Nuestro enorme gato atigrado de algún modo se las arreglaba para lucir delgado y con hambre cada vez que pensaba que era hora de comer.

Parece que se comunican con otros gatos usando una mezcla de lenguaje corporal, los sonidos y la telepatía. Un buen ejemplo de esto involucra la última semana de vida de Lucky, un gato extraviado que fue adoptado por una amorosa familia. Lucky siempre era muy protector de su territorio, y ahuyentaba cualquier gato que se atreviera a entrar a su propiedad. Una familia que vivía a unas pocas casas de ahí, acogió una gata llamada Sophie. Desafortunadamente, ésta no fue tan afortunada como Lucky, pues era dejada fuera de la casa todas las noches y alimentada irregularmente.

La familia de Lucky se asombró cuando una semana antes de que muriera, Sophie, una gata muy tímida, empezó a visitarlo, incluso aventurándose dentro de la casa. Los dos gatos tenían largas conversaciones vocales cada vez que Sophie aparecía.

El sábado en la mañana, cuando Lucky hizo su última visita al veterinario, Sophie llegó temprano y tuvo la usual conversación. Finalmente la gata se marchó. Posteriormente en el día, cuando la familia regresó a casa, Sophie estaba en la entrada esperándolos. Corrió a saludarlos y empezó a bambolearse sobre su lomo de la misma forma como Lucky solía hacerlo. Entró a la casa y se quedó. Parecía que Lucky sabía que sus días estaban contados, y le había pedido a Sophie que tomara su lugar.[14]

El doctor J. B. Rhine condujo varios experimentos científicos con gatos durante el tiempo que estuvo en la Duke University. Uno que particularmente me intrigó, involucra a un estudiante de psicología que podía hacer el viaje astral. Este estudiante tenía una gatita de siete semanas que sólo se alegraba cuando el joven estaba en la misma habitación con ella. Cada vez que él salía del cuarto, la gata se sentía mal y maullaba constantemente, deteniéndose solamente cuando su dueño regresaba.

Los investigadores registraron todo esto hasta que fue establecido un patrón. El estudiante era luego llevado a una habitación bien lejos de la gata y hacía el viaje astral para ver cómo estaba. La gatita se inquietó, como era usual, cuando él salió, pero dejó de maullar al sentir que el joven estaba psíquicamente presente.[15] No es difícil transportarse en el plano astral.[16] Si usted aprende a hacerlo, podrá realizar este experimento con su propio gato.

Otro experimento, llevado a cabo por Helmut Schmidt en 1970, fue determinar el potencial sicoquinético de un gato. Colocaron uno en un cobertizo frío que era calentado irregularmente por una lámpara atada a un generador que la hacía prender o apagar de forma impredecible. Por probabilidad, la lámpara debía permanecer encendida la mitad del tiempo que el gato estaba en el cobertizo. En realidad, permanecía prendida durante períodos de tiempo mucho mayores que los que podían ser explicados por probabilidad. Usando la sicoquinesis, el gato influenciaba la cantidad de tiempo que la lámpara permanecía encendida.[17]

SU GATO PSÍQUICO

Los dueños de gatos instintivamente saben que para tener una relación cercana con sus mascotas, deben comunicarse con ellas telepáticamente. Los gatos pueden entender más de cien palabras comunes, tales como "comida", "sí", "juego" y "hermoso".[18] De hecho, creo que entienden mucho más que eso, ya que constantemente están leyendo nuestra mente. Cuando les hablamos, reciben más que sonidos amigables, también captan las imágenes mentales que constantemente creamos. Los gatos disfrutan que les hablemos, porque significa que están siendo incluidos en nuestro mundo.

También observan nuestro lenguaje corporal detalladamente. Un gato que esté descansando sobre sus piernas, podrá notar la diferencia de cuándo usted se mueve para acomodarse mejor, o cambia de posición porque está a punto de pararse. Los gatos perciben mucho más de lo que consideramos posible. Esto se debe a que constantemente usan los seis sentidos. Cuando utilizamos nuestro sexto sentido para tratarlos, podemos alcanzar un vínculo estrecho que no podemos lograr de ninguna otra forma. Esto requiere tiempo y práctica, pero las recompensas pueden ser increíbles.

Todos los gatos son psíquicos, pero la variedad "rabón japonés" es considerado el mejor.[19] Este gato también da la bienvenida a su dueño con una pata levantada, exactamente como Meneki-neko, el famoso gato de porcelana que es usado como talismán para atraer dinero y buena suerte.

Escoja una hora en que ninguno de los dos esté cansado. Evite las horas de comida, ya que su gato estará preocupado por el alimento si esa parte del día se aproxima.

Siéntese en un lugar cómodo y acaricie su mascota. No hay diferencia si el gato está sobre sus piernas o sentado o acostado a su lado. No diga nada en voz alta; tenga pensamientos amorosos mientras acaricia la mascota. Es probable que le responda a sus pensamientos y acciones.

Gradualmente, deje de acariciar al gato, pero continúe con sus pensamientos amorosos. El gato debería seguir ronroneando y puede dirigir su mirada a usted. Luego de uno o dos minutos, no piense más y silenciosamente hágale una pregunta a su mascota. No importa qué clase de pregunta sea. Ejemplos típicos son: "¿me amas?", "¿estás feliz?", o "¿qué quieres que haga por ti?".

Puede cerrar los ojos mientras espera una respuesta del gato. No es necesario hacer esto, pero muchas personas lo encuentran útil, particularmente cuando empiezan a comunicarse telepáticamente con sus mascotas. Sea paciente y observe qué pensamientos surgen en su mente.

Su mascota podría responder de forma física. Nuestro gato atigrado, Clyde, siempre respondía a la pregunta "¿me amas?", frotando su cara en nuestras manos. Si le pregunta "¿quieres comida?", es probable que su gato maulle una respuesta y se dirija a la cocina.

Las respuestas físicas son fáciles de detectar; las telepáticas a veces pueden ser difíciles de medir. Su gato puede estar con sueño y renuente a hacer el juego de comunicación. Usted puede subconscientemente resistirse a la respuesta, o simplemente no reconocerla cuando aparece. La respuesta podría ser un sentimiento o sensación, en lugar de algo específico. A veces recibirá una imagen clara. Los resultados pueden variar enormemente.

Es natural sentirse decepcionado cuando los resultados no son lo que esperábamos. Trate de ignorar estos sentimientos, pues su mascota los percibirá. Sea agradecido por cualquier respuesta que su gato le envíe, y comprensivo cuando no surja nada.

Repita este ejercicio con la mayor frecuencia posible. Encontrará que su gato lo esperará ansiosamente tanto como usted, pues estará consciente de que lo hace para que los dos puedan tener una relación más cercana.

Enviando pensamientos

Este experimento debería ser hecho entre las horas de comida. Para empezar, su gato debe estar en la misma habitación con usted. Después, no importará dónde se encuentre la mascota.

Siéntese cómodamente, cierre los ojos y tome diez respiraciones profundas. Visualícese en su mente alimentando a su mascota. Imagínese tomando la comida, colocándola en un plato y ubicándola donde su gato come. Mentalmente, véalo consumir el alimento.

Abra los ojos y atraviese la escena de nuevo. Experimente esto lo más gráficamente posible. Nadie puede "ver" escenas claramente con la imaginación. Sin embargo, podría sentir que sucede, sentir al gato frotándose sobre sus piernas, oírlo ronronear o maullar en su mente. No importa cómo reviva la escena en su imaginación, siempre y cuando permanezca concentrado en ella por al menos cinco minutos.

No ponga la atención en su gato mientras hace esto. Podría ser útil que apartara su mirada para no observar su mascota mientras piensa en comida.

Si el gato ha recibido su pensamiento, habrá despertado y se frotará sobre usted, maullando o haciendo otras cosas para decirle que es hora de comer.

Naturalmente, tendrá que recompensar de algún modo a su gato por recibir sus pensamientos. También debe premiarse a sí mismo, ya que ha comprobado la realidad de la comunicación con los animales.

Una vez que haya tenido éxito en este experimento, trate de repetirlo cuando su gato no esté en la misma habitación con usted. Encontrará que no importa dónde esté el gato, adentro o afuera. Cuando el animal haya captado sus pensamientos sobre comida, la distancia no marcará una diferencia en su capacidad de hacerlo otra vez.

Este experimento tiene una ventaja sobre muchos otros, porque es improbable que el gato lo ignore, a menos que tenga un sueño muy profundo o haya acabado de comer.

Prueba de llegada a casa

Esta es una prueba de precognición. Si su gato regularmente lo espera cuando usted llega a casa, varíe el tiempo en que lo hace durante tres o cuatro días. Pídale a un amigo o miembro de la familia que observe el animal para ver si sabe cuándo usted llega. Su ayudante debe registrar todo lo que hace el gato en la hora antes del tiempo de regreso acordado. No llegue en la hora exacta indicada. Hágalo cinco o diez minutos antes o después, para eliminar la posibilidad de que su gato esté recibiendo señales telepáticas de su familiar o amigo que indican que usted está a punto de regresar a casa.

Prueba de "ven a mí"

Esta es una prueba de telepatía que puede hacer cuando necesite a su gato por alguna razón. En lugar de llamarlo, siéntese cómodamente, cierre los ojos y piense en su mascota. Trate de atraerlo mentalmente. Es improbable que deba hacer esto por más de cinco minutos antes que su gato venga a usted.

Prueba del plato con comida

Esta es una prueba que fue ideada por el doctor Karlis Osis, un especialista en el comportamiento de animales, que fue director de investigaciones en la American Society for Psychical Research. En los años cincuenta, Osis trabajó con el doctor Rhine en el laboratorio de parasicología de la Duke University. Dirigió una serie de pruebas con gatos en un ambiente casero, usando a Gunta, su hija de diez años. Ella ponía una cantidad igual de comida en dos platos idénticos y luego mentalmente dirigía a cada gato para que escogiera el plato que ella había seleccionado previamente como objetivo. En un número de pruebas, Gunta pudo influenciar exitosamente las acciones de varios gatos.[20]

Usted también puede hacer esta prueba. Escoja dos platos idénticos y ponga la misma cantidad de comida en cada uno. Ubique uno de ellos a la izquierda de la puerta que su gato estará usando, y coloque el otro a la derecha y a la misma distancia.

Decida cuál plato desea que el gato elija. Piense en este plato. Repítase a sí mismo una y otra vez, "quiero que mi gato escoja el plato de la izquierda", por ejemplo. Llame a su mascota (si ya no está con usted), y siga repitiendo las palabras en su mente.

Lleve registros y vea si durante un período de tiempo el gato responde a sus pensamientos.

*E*ntre más conozco a los hombres, más quiero a los perros.
—*Frederick the Great of Prussia (1712–1786)*

3

El mejor amigo del hombre

Posiblemente, los perros son los animales más amados por los humanos. Cuando el locutor británico Martyn Lewis escribió un libro llamado *Cats in the News*, recibió cartas de personas que le dijeron que en Gran Bretaña el número de perros excedía en 600.000 al de los gatos. Entonces, ¿por qué escribió un libro sobre gatos antes de escribir uno sobre perros?[1]

El perro ha sido el mejor amigo del hombre por más de veinte mil años.[2] Al final de la edad de hielo rivalizaban por el alimento, pero desde entonces han disfrutado una relación de apoyo mutuo con los humanos. Los restos de un perro fueron encontrados en las ruinas que datan desde la edad de piedra (alrededor del año 7500 a. de C) en Stone

Carr, Yorkshire, Inglaterra. Se hallaron perros de caza pintados en una pared de la tumba de Senbi, príncipe de Cusae, y datan del año 4000 a. de C. Hacia el comienzo de la era cristiana, se pintaban perros en objetos de arte y cerámica de Asiria, China, Grecia e Italia, mostrando que estos animales se habían convertido en parte importante y esencial de la vida cotidiana.[3]

La naturaleza amigable, amorosa y clemente de los perros, combinada con su inteligencia y lealtad, los ha convertido en mascotas populares alrededor de todo el mundo.

Los dueños de perros reciben muchos beneficios como resultado de tal relación, incluyendo algunos que pueden parecer sorprendentes. Por ejemplo, se ha afirmado que los perros mejoran los matrimonios. Un estudio de la Universidad de Indiana encontró que las personas podían solucionar las dificultades matrimoniales más fácilmente cuando su perro se encontraba en la habitación. Aparentemente, las parejas mostraban menos agresión cuando la mascota estaba presente, y permanecían con una presión sanguínea y un ritmo cardiaco más bajos.[4] Los científicos han demostrado que la presión sanguínea humana disminuye cuando un perro entra a una habitación.[5] Por consiguiente, la tensión arterial de personas que tienen perros viviendo en casa, es de bajo nivel.

La mayoría de dueños de perros los consideran como un miembro de la familia (99 por ciento), y más de la mitad de los perros domésticos duermen en la cama de un miembro de la familia (56 por ciento). La misma encuesta reportó que el 64 por ciento le da a su perro bocados de la mesa, el 86 por ciento comparte comida con su mascota, y el 54 por ciento celebra sus cumpleaños.[6]

Ramsés el Grande tenía cuatro perros, y a uno se le permitía dormir en su cama. Alejandro Magno también compartía la cama con su gran mastín, Peritas. María, reina de los escoceses, dormía con su diminuto skye-terrier mientras estaba encarcelada en la torre de Londres. (Algunas autoridades en el tema describen su mascota como un perro de aguas. Las razas no eran tan bien definidas en esa época como lo son ahora). De hecho, ella logró llevar oculto al perro a su ejecución en 1587; luego fue encontrado en su voluminoso vestido después de morir.[7] La reina Isabel I, quien ordenó la ejecución de María, también pasó la última noche de su vida con un diminuto perro de aguas. El rey Carlos II también dormía con sus perros, e incluso les dio el nombre de spaniels del rey Carlos. El zar Pedro el Grande dormía con Lissette, su galgo italiano.

Sin embargo, no todos disfrutan de tener un perro en la cama. El general George Armstrong Custer tenía muchas discusiones con su esposa, Libbie, por permitir que los perros estuvieran en su cama. Finalmente, Libbie amenazó con dormir en otra parte si su esposo insistía sobre la presencia de las mascotas. Afortunadamente, llegaron a un acuerdo: cuando el general Custer estuviera en casa, los perros podrían quedarse en la alcoba pero durmiendo en el piso. Sin embargo, en el campo, el general siempre compartió su cama con Turk, un dogo, y Blucher y Byron, sus dos galgos.

Además de ser maravillosas mascotas, los perros trabajan para ganarse la vida. Rastrean y atrapan criminales, buscan drogas y explosivos, acorralan ovejas y sirven de perros guía para los ciegos. Algunos trabajan de forma muy inusual. Ninon de Lenclos fue una famosa prostituta del siglo XVII. Ella y su perro Raton eran inseparables, y Ninon lo llevaba a todas partes. Esta mujer tuvo una larga y exitosa carrera como prostituta, en parte gracias a Raton. Cada vez que intentaba comer comida dulce o grasosa, Raton ladraba hasta que ella desistia de la idea.[8]

Aunque los perros son descendientes de la misma especie de los lobos, coyotes y chacales, de buena voluntad abandonaron la vida salvaje para obtener los beneficios de la domesticación. Los perros dependen totalmente de los humanos para su supervivencia. Disfrutan estar al lado de nosotros para mantener un cercano contacto visual, y esperan pacientemente que regresemos cuando estamos lejos. Quieren estar en constante comunicación con sus amos. Desean que les hablen y acaricien, además de tener una estrecha relación intuitiva. Esto les permite continuar comunicándose con sus dueños, incluso cuando se encuentran a millas de distancia.

La devoción de los perros es extraordinaria. Un famoso ejemplo de esto se remonta a la erupción del Vesubio. Arqueólogos que excavaron las ruinas de la antigua Pompeya encontraron los restos fosilizados de un niño junto al cuerpo de un perro. La inscripción en el collar de bronce era aún legible: "este perro ha salvado a su pequeño amo tres veces —del fuego, de ahogarse y de los ladrones—". Un hecho interesante acerca de Pompeya es que aunque perecieron miles de personas, fueron muy pocos los animales domésticos que tuvieron la misma suerte. Obviamente, ellos pudieron sentir el inminente desastre y escaparon. Sin embargo, este perro, que ya había salvado a su amo tres veces, debe haber sentido el peligro pero permaneció junto al niño.[9]

Geoffrey Chaucer describió metafóricamente el amor y la devoción de los perros en *The Canterbury Tales*. La viuda de Bath describió el comportamiento de una cierta mujer hacia un hombre así: "como un perro de aguas ella cayó sobre sus piernas".

Napoleón Bonaparte se impresionó por la lealtad del perro de un soldado. Escribió: "repentinamente vi un perro saliendo del gabán de un cadáver. Corrió hacia nosotros, luego regresó a donde su amo emitiendo lúgubres aullidos, lamió su cara y de nuevo se precipitó hacia nosotros. Parecía estar buscando ayuda y venganza a la vez. Por mi estado mental, o el silencio de las armas, el clima, el acto mismo del perro, o quién sabe qué, nunca algo en el campo de batalla me ha causado tal impresión . . . Había visto, sin lágrimas, operaciones ejecutadas que terminaron con una gran pérdida de nuestros soldados; pero aquí y ahora, ese perro me conmovió hasta hacerme llorar".[10]

Un ejemplo más moderno de lealtad ocurrió en 1975 cuando Mark Cooper llevó con él a su pastor alemán, Zorro, en un viaje a Sierra Nevada. En el viaje Mark cayó a un barranco de 85 pies, terminando en un arroyo. Cuando recuperó la conciencia, se dio cuenta de que Zorro lo estaba arrastrando fuera del agua hasta la orilla. Luego lo encontraron unos amigos que fueron por ayuda, mientras el perro permaneció sobre su amo para darle calor. Al día siguiente un helicóptero recogió a Mark, pero olvidó a Zorro. Unos voluntarios fueron a buscarlo y lo descubrieron protegiendo la mochila de Mark. Ken-L Rations proclamó a Zorro como "perro héroe del año", por salvar la vida de su amo.[11]

Cuando vivía en Escocia solía asistir a todos los eventos posibles en el festival de Edimburgo que se realiza anualmente. Siempre estacionaba mi vehículo cerca a la estatua de Greyfriars Bobby, un pequeño terrier cuya historia se hizo famosa en la película de Walt Disney *Greyfriars Bobby*. Bobby perteneció a un pastor conocido como "Auld Jock". Los dos comían en el Greyfriars Dining Room, propiedad de un señor Traill.

Jock murió en 1858 y fue enterrado en Greyfriars Kirkyard. Bobby inició su vigilia junto a la tumba sin moverse por un instante. Cada vez que era apartado, encontraba la forma de regresar. A la una en punto del día iba al Greyfriars Dining Room por una comida. Los Traill trataban de quedarse con él, pero Bobby siempre regresaba a la tumba de su amo, permaneciendo ahí durante catorce años.

En una ocasión, la policía arrestó a Bobby por ser un "vagabundo sin licencia". El señor Traill, propietario de los comedores, también apareció en la corte, acusado de apoyar al perro en sus actividades ilegales, ya que seguía alimentándolo. Se presentaron ante Sir William Chambers, Lord Provost. Cuando Sir William escuchó la historia, ofreció pagar la licencia de Bobby por el resto de su vida. También mandó a hacer un collar especial que decía: "Greyfriars Bobby, del Lord Provost 1867. Licenciado". Este collar está ahora en el Huntley Museum de Edimburgo.

Bobby murió en 1872 y fue sepultado cerca a la entrada de la iglesia. Un grupo de norteamericanos oyó de Bobby y pagó una lápida sepulcral para la tumba de Auld Jock. La baronesa Burdett-Coutts, una líder social, levantó una fuente de beber y una estatua de bronce de Bobby en Candlemaker Row, donde luego se convirtió en una atracción turística. Más de 125 años después de su muerte, la lealtad y devoción de Bobby aún se recuerda.

Cuando estuve en Tokio, tropecé con la estatua de un perro llamado Hachiko, en la estación de Shibuya. Hachiko solía acompañar a su amo, el doctor Eisaburo Ueno, hasta la estación del ferrocarril cada mañana, y regresaba ahí para recibirlo cuando volvía a casa. Un día, el doctor Ueno murió en el trabajo. Hachiko apareció en el lugar, como era usual, y esperó hasta la medianoche antes de regresar a casa. Todos los días durante los siguientes diez años, Hachiko siguió yendo a la estación con la esperanza de dar la bienvenida a su amo. Cuando murió en 1935, fue erigida una estatua de bronce en su honor. Cada año, el 8 de abril, se realiza una ceremonia especial para honrar su memoria.

Una historia más reciente en Cheshire, Inglaterra, es también conmovedora. En la víspera de Navidad de 1999, Spot, un border collie, salió de la casa de sus nuevos dueños en busca de la tumba de su anterior amo. Nunca antes había estado en el lugar de entierro, pero pudo viajar cuatro millas hasta el cementerio de la iglesia de San Juan. Tuvo que cruzar varias carreteras principales para hacerlo. Un policía lo encontró acostado sobre la tumba de su amo.[12]

La devoción que los perros tienen por sus amos es bien conocida. Tristemente, los humanos no siempre muestran la misma confianza o devoción por sus mascotas.

Prueba de lo anterior ocurrió en el País de Gales del siglo XIII, en la aldea de Beddgelert (que significa "tumba de Gelert"). Gelert era un galgo lobero que pertenecía al príncipe Llywellyn. Un día el príncipe regresó de un viaje de cacería y encontró a Gelert cubierto de sangre. Luego corrió a la habitación de su pequeño hijo y observó que las sábanas estaban manchadas de sangre. No había señales del niño. El príncipe Llywellyn pensó inmediatamente que Gelert había matado a su hijo. Sacó su espada y ultimó al perro. El aullido agonizante de Gelert despertó al niño, quien había estado durmiendo debajo de una cubierta. Junto a su hijo, el príncipe encontró el cuerpo de un gran lobo. Lejos de haber matado al niño, Gelert había salvado su vida venciendo al lobo. El príncipe quedó lleno de remordimiento, pero era demasiado tarde para salvar a Gelert. Esta historia se conoció mejor en el siglo XIX, cuando William Robert Spencer escribió un poema acerca del incidente, llamado Beth Gelert. En la actualidad, muchos turistas visitan la tumba de Gelert en un campo de Beddgelert, cerca al monte Snowdon en el Norte del País de Gales.[13]

Otro ejemplo fue contado en el libro *Dogs and Their Ways*, del reverendo Charles Williams, quien narra la historia de un comerciante francés que había cobrado un dinero que le debían. El comerciante regresaba a casa a caballo, con su perro corriendo al lado. Después de algunas millas, hizo una pausa para descansar. Puso el dinero debajo de un seto y se acostó en la sombra. Cuando se levantó y reinició el viaje, su perro lo siguió renuentemente, ladrando, aullando y finalmente intentando morder las patas del caballo. Cruzaron un pequeño arroyo y el perro no se detuvo a beber agua. El comerciante pensó que su perro se había enloquecido, y decidió liberarlo de tal situación; disparó pero falló y no lo mató. El perro trató de arrastrarse hacia su amo. Abatido por lo que veía, el comerciante se montó en su caballo y se alejó, pensando que prefería haber perdido su dinero y no el perro. Repentinamente recordó que había dejado el dinero debajo del seto. Dio la vuelta y se apresuró a regresar. Su perro estaba bajo el seto, protegiendo el dinero. Movió la cola cuando su amo regresó, le besó la mano y murió.

Este ejemplo también muestra el poder de razonamiento que poseen los perros. En este caso el perro entendió que su amo había olvidado el dinero. Hizo todo lo que pudo para indicarle esto al comerciante. Incluso después de que su amo le disparó, regresó a proteger el dinero.

Sigmund Freud era muy dependiente de su chao, Jo-Fi, y la usaba para determinar el estado mental de sus pacientes. Esto se debía a que la perra se acostaba a diferentes distancias de la persona, dependiendo del grado de estrés que el paciente estaba sufriendo.[14]

Los perros son renombrados por su increíble sentido del olfato. Más del diez por ciento del cerebro de un perro está dedicado a analizar y procesar olores. En el cerebro humano, menos del uno por ciento se ocupa de la misma tarea.[15] La mayoría de perros puede detectar hasta una sola gota de sangre en diez pintas de agua. Los traficantes de drogas mejicanos ofrecieron 70.000 dólares a quien matara a Rocky o Barco, dos perros belgas que eran expertos en localizar drogas ocultas. La destreza de estos perros dio como resultado más de 250 arrestos y la incautación de más de 300 millones de dólares en drogas. Aun más asombroso es el millón de dólares que los traficantes colombianos ofrecieron a quien matara a Winston, un retriever responsable de más de mil millones de dólares en incautaciones.[16] En Dinamarca y Holanda, los perros husmeadores también son usados para detectar y encontrar escapes de gas, y se cree que son más confiables y que los aparatos electrónicos.[17]

El sentido del olfato de los perros es bien conocido, pero no tanto el hecho de que son muy intuitivos. Mi suegro era dueño y criador de ganado lanar. Cada vez que trabajaba con sus perros ovejeros, debía concentrarse solamente en las acciones que quería que los perros desarrollaran en ese momento. Tan pronto como pensaba en el siguiente movimiento, los perros comenzaban a ejecutarlo. Obviamente, estaban leyendo la mente de su amo en lugar de esperar sus silbidos.

En el Norte de Irlanda, un perro husmeador indicó un área particular en una pared de ladrillo. Revestido con cemento se encontró un rifle que había estado oculto ahí durante veinticinco años.[18] Obviamente, este perro no usó su nariz para localizar dicha arma escondida. La explicación más probable es la clarividencia.

La telepatía entre perros y humanos es muy común. El doctor Rupert Sheldrake reportó un incidente en el cual la telepatía salvó la vida del amo. Una mujer del Norte de Inglaterra tenía serios problemas matrimoniales y había decidido suicidarse. Su perro y sus gatos estaban durmiendo frente al fuego cuando ella se dirigió a la cocina por agua y Paracetamol. Repentinamente, William, un perro ojeador, corrió hacia ella y gruñó. No había hecho esto ni una vez en los últimos quince años. El aspecto del perro era casi irreconocible; la mujer estaba aterrorizada de su propia mascota. Tapó de nuevo el frasco de las tabletas y regresó al sofá. William la siguió y lamió su cara frenéticamente, mientras todo su cuerpo se meneaba de felicidad.[19]

En su libro *Kinship with All Life*, el autor J. Allen Boone describió una experiencia que ocurrió con un pastor alemán que estaba cuidando, llamado Strongheart. Una mañana, Boone no tenía ganas de trabajar, y pensó en lo agradable que sería dar una caminata con el perro en las colinas. Mientras aún pensaba en esto, Strongheart entró saltando de emoción, lamió la mano de Boone, y luego alcanzó uno por uno su suéter, los jeans, las botas y el bastón. "Después, saltando y dando vueltas, dio a entender claramente que debían partir, lo más pronto posible".[20] Boone no le había mencionado una palabra respecto a dar un paseo, pero obviamente el perro leyó su mente.

Strongheart era un perro excepcionalmente inteligente, que había sido entrenado por el ejército y posteriormente apareció en muchas películas. Strongheart fue el primer animal estrella de cine, éxito de taquilla en los años veinte. Era un animal asombroso, pero no el único. Todos los perros son capaces de leer la mente de sus dueños, y de hecho lo hacen con regularidad. Este proceso usualmente se presenta en sólo una dirección. La comunicación intuitiva en dos sentidos, de humano a perro y viceversa, ocurre únicamente cuando hay un fuerte vínculo entre los dos y el humano está preparado para desarrollar el lado intuitivo de su naturaleza.

Hay muchas razones para que la comunicación intuitiva en ambos sentidos sea poco usual. La razón más común es que el humano no espera que su perro posea habilidades psíquicas. Por consiguiente ignoran algunas indicaciones, y sus perros usan la intuición a un nivel que provea información necesaria sin llamar la atención. En ocasiones, un perro persiste hasta que gradualmente educa a los humanos en su vida, pero esto es raro. Sólo unos pocos esperan que su perro tenga poderes psíquicos. Estas personas estimulan el sexto sentido de su mascota, enriqueciendo así la relación.

Otra razón que hace rara la comunicación psíquica, es que muchas personas esperan que el perro se ajuste a sus propias expectativas. No desean un perro psíquico, sino uno "normal". Por supuesto, no se dan cuenta que un perro normal es efectivamente psíquico.

Los perros también poseen considerables habilidades precognitivas. Hay muchos informes documentados de perros que saben anticipadamente cuándo su amo va a tener un ataque epiléptico. A comienzos de los años noventa, Andrew Edney, un veterinario inglés, dirigió el primer estudio de este fenómeno. Encontró que la edad, el sexo y la raza del perro no marcan una diferencia. Sin embargo, todos se inquietaban y hacían cualquier cosa necesaria para ayudar. Esto incluía guiar la persona a un lugar seguro, correr por ayuda, o alertar a otras personas sobre el inminente ataque.[21]

El doctor Milan Ryzl reportó un intrigante ejemplo de precognición. Un trabajador de una fábrica de explosivos tenía un hermoso collie que lo acompañaba al trabajo cada día. Una vez, el perro caminó parte del trayecto a la fábrica y se rehusó a seguir adelante. El trabajador estaba tan sorprendido por el comportamiento de su perro, que discutió lo sucedido con un colega que se encontró casualmente. Cerca de una hora después, su esposa lo llamó a la fábrica, ya que el perro había regresado a casa y estaba comportándose extrañamente. El trabajador le comentó a su esposa lo que había sucedido. Una hora más tarde hubo una explosión en la fábrica y todos murieron.[22]

Los perros parecen ser muy conscientes de los fantasmas, y hay muchos relatos de sus reacciones a lo largo de la historia. Por ejemplo, en 1663, una mujer en París se inquietó una noche cuando una de las contraventanas de su alcoba se abrió sola. Ella oyó el sonido de la crujiente seda, pero no pudo ver a nadie. Sin embargo, su perro sí pudo; él corrió por la casa como "enloquecido". Un par de días después, esta señora se enteró que su padre había sido asesinado a la misma hora (11 P.M.) en que ella fue despertada.[23]

Jed Tompkins, un amigo mío, me contó una historia similar. Él estaba viviendo en Portland, Oregon, cuando su padre sufrió un fatal ataque cardiaco en Bristol, Inglaterra.

"Eran las cinco y treinta y había tenido un duro día de trabajo. Estaba sirviéndome un whisky escocés cuando sentí una repentina brisa. Volteé a mirar y vi que se había abierto la puerta que daba a nuestro patio. Nunca antes había sucedido esto. Estaba a punto de ir a cerrarla, cuando repentinamente tuve la clara impresión de que mi padre había muerto. Sin embargo, no podía aceptarlo; era imposible, ya que él tenía una salud perfecta. Sólo una semana antes lo había llevado al aeropuerto".

"Al mismo tiempo en que yo tenía estos pensamientos, Margot, nuestra vieja caniche, saltó y empezó a ladrar. No era su ladrido usual. Se veía aterrorizada y parecía golpear algo que era invisible para mí. Margot estaba vieja y artrítica; en años no había saltado, e incluso no podía recordarla estando agitada. Luego de un par de minutos de ladrar e intentar atacar una presa invisible, se metió debajo de la mesa del comedor y comenzó a lloriquear".

"Me sentí tan preocupado que de inmediato busqué el itinerario de papá para telefonear a su hotel en Inglaterra. Antes de marcar, el teléfono sonó; ya sabía lo que iba a escuchar antes de responderlo".

Margot pudo ver la presencia espectral del padre de Jed.

"En ese tiempo estaba confundido", me comentó Jed. "Pero ahora me da una sensación de paz el saber que papá regresó a despedirse".

Mientras trabajaba en este libro pregunté a muchas personas si sus mascotas eran psíquicas. Muchos creyeron que yo estaba loco por tan solo pensar en la posibilidad. Otros tomaron la pregunta seriamente, pero negaron que sus mascotas hubieran mostrado alguna señal de poder psíquico. Algunos aceptaron que sus animales domésticos eran psíquicos, y felizmente relataron incidentes que habían experimentado o presenciado.

Siempre ha habido discrepancias entre los dueños de perros respecto a cuál raza es la más intuitiva. Algunos afirman que los caniches son naturalmente más intuitivos que otros perros. Otros sugieren que el pastor alemán posee dicha cualidad. Incluso hay quienes votan por el airedale. No he tenido una estrecha asociación con estas razas, pero he disfrutado vínculos afectivos con labradores, boxers, perros basset y una variedad de perros mestizos. De acuerdo a mi experiencia, todos son psíquicos, y no hay una raza en particular que tenga una mayor capacidad que otra. El factor más importante es que el dueño esté preparado para establecer un lazo psíquico con su mascota. Por supuesto, cada perro, al igual que cada persona, es diferente. Todos poseemos distintas habilidades y capacidades naturales. Los perros, al igual que los demás animales, son tan variados como nosotros. Incluso dos de la misma cría pueden ser totalmente diferentes.

Por esta razón es imposible redactar una lista de las razas de perros más inteligentes. Simplemente no es posible comparar la inteligencia de un Shih Tzu con la de un pastor alemán, por ejemplo. El doctor Stanley Coren, un profesor de psicología y autor de *The Intelligence of Dogs*, hizo una lista de perros en orden de inteligencia. No es de sorprendernos que esta lista fuese recibida con aullidos de protesta por dueños de perros que afirmaban que sus mascotas eran supremamente inteligentes, aunque hayan quedado entre los últimos de aquella lista. Este investigador dice que podemos aumentar la inteligencia de un perro con solo hablarle. "No quiero decir . . . charla cariñosa . . . si le dice al perro cada vez que vaya a salir de la casa 'salgamos . . .' o cada vez que vaya a darle un regalo . . . '¿quieres una galleta?' . . . con el tiempo el perro aprenderá que esos sonidos . . . y esas señales con la mano significan algo".[24]

Un lazo psíquico, una vez que sea establecido, nunca se romperá. De joven pasé un tiempo en Cornwall, Inglaterra, y establecí un vínculo estrecho con Lily, la perra basset que pertenecía a la dueña de la casa. Esta perra había sido la más pequeña de la cría y estuvo a punto de ser sacrificada al nacer. Cuando la conocí tenía dos años y casi la mitad del tamaño de la mayoría de perros basset de la misma edad. Me encantaba Cornwall y lamenté tener que irme, pero la parte más dura fue alejarme de Lily. Diez años después, regresé a Cornwall e hice una inesperada visita a la casa de mi antigua casera. Había perdido contacto con la familia años atrás y no tenía idea de si aún estaban viviendo ahí. Para mi sorpresa, una vieja perra basset estaba parada en la puerta esperándome, exactamente como lo había hecho todas las noches cuando vivía en esa casa. Mi antigua casera sabía que llegaría un visitante inesperado, pues Lily había estado comportándose extrañamente toda la mañana, corriendo hasta la puerta y mirando la calle de arriba a abajo. Parece que la perra sabía que yo iba a visitarlos ese día.

Hay muchas historias que sugieren las capacidades intuitivas de los perros. El problema es que la mayoría no pueden ser verificadas. Una historia muy conocida e investigada extensivamente, tiene que ver con una perra airedale que salvó la vida de sus dueños en la II Guerra Mundial. Una noche, durante una incursión aérea, la familia estaba protegiéndose debajo de una mesa en el sótano de la casa. A la perra no le agradó esto y empezó a correr desde y hacia la puerta, agitándose cada vez más. Finalmente, trató de sacarlos de la mesa. Renuentemente la familia permitió que su mascota los condujera a la bodega del carbón. Tan pronto como hicieron esto, la casa se desplomó y la mesa en la que estaban quedó totalmente destruida.[25]

Una famosa historia de la I Guerra Mundial involucra a Prince, un terrier que exitosamente rastreó a su amo en otro país. En septiembre de 1914, James Brown partió hacia Francia en el primer regimiento de North Staffordshire. Prince quedó molesto por haber sido dejado en casa. Pocos días después abandonó su hogar en Hammersmith para ir en busca de su amo. Lo encontró un par de semanas después en una trinchera en Armentieres. Se las había arreglado para cruzar el canal de la Mancha con otra tropa de soldados, para luego buscar y finalmente encontrar a su amo. Como premio, Prince fue convertido en la mascota regimental, y se le permitió permanecer con su dueño hasta el fin de la guerra.[26]

El *Daily Express* de Londres registró un caso de precognición en Austria. Johann Steiner, un adiestrador de perros policía, miró por la ventana de su casa en medio de una tormenta sobre las montañas cerca a su hogar en las proximidades de Baldramsdorf. Observó que su pastor alemán de siete años, Gundo, no estaba refugiándose en su perrera, sino que caminaba de un lado para otro y ocasionalmente daba zarpazos a la cerca de alambre que rodeaba sus movimientos. Cuando Johann observaba, Gundo corrió hacia la cerca, la saltó y continuó apresurado hasta la casa, entrando por una gran ventana de un piso bajo. Johann pensó que tal vez Gundo sólo estaba asustado y quería protegerse en la vivienda, pero el perro dio la impresión de querer salir de nuevo. Lloriqueó frente a Johann y sus padres dirigiéndose a la puerta principal. Para complacerlo le abrieron la puerta. Gundo salió corriendo y ladró agitadamente hacia la montaña que amenazaba la casa. Johann se unió a él afuera y oyó el sonido de rocas y árboles partidos a través de la tormenta. Se dio cuenta que un alud de lodo se había iniciado en lo alto de la montaña y se dirigía a su casa. Hohann, sus padres y Gundo entraron al auto y huyeron del peligro. Se detuvieron a cientos de yardas en la carretera, justo a tiempo para ver cómo su casa era arrasada por una ola de lodo. Gundo los había salvado oportunamente.[27]

Robert Morris relató otro ejemplo de precognición en perros, en un artículo que presentó en la reunión de invierno de 1967 en la Foundation for Research on the Nature of Man. Un visitante de la fundación le contó que su hermano menor se había marchado de la casa para tener una larga estancia en otra ciudad. Nadie tenía idea de cuánto tiempo pasaría antes de que regresara. El perro del muchacho quedó muy perturbado después que él se fue.

Comía poco y pasaba la mayor parte de su tiempo acostado afuera de la alcoba de su amo. Gradualmente, el perro parecía recuperarse y la vida prosiguió como antes. Un día, el animal estaba muy emocionado, daba zarpazos en la puerta cerrada del cuarto del muchacho. Luego bajó corriendo la escalera y salió de la casa. Corrió hasta la carretera principal, mirando a ambos lados antes de regresar a la casa. Hizo esto varias veces en el día. Una hora después de su última salida, el joven llegó a la casa, para el asombro de todos excepto del perro.[28]

En los primeros años del siglo XX, un barco pesquero llamado *Jeannie Inglis* estaba anclado en Baltasound. La embarcación tenía cinco tripulantes y una perra Bertrand Russell-terrier llamada Nellie que siempre los acompañaba, sin importar lo malo que estuviera el clima. Un día, cuando el barco estaba a punto de partir a un viaje, Nellie desembarcó y no pudo ser encontrada. Esto resultó ser una decisión sabia y precognitiva, ya que la embarcación se perdió en el mar.[29]

Poco antes de la I Guerra Mundial, un "perro parlante" llamado Rolf, de Mannheim, Alemania, se volvió famoso internacionalmente. Al parecer, un día, la doctora Paula Moeckel, la dueña del animal, se molestó por la incapacidad de su hija para hacer ejercicios matemáticos básicos y dijo, "¡apuesto que hasta Rolf podría contar mejor que tú! Rolf ¿cuánto es dos más dos?". Rolf, que había estado junto a ellas, se sentó y con la pata dio cuatro golpes suaves sobre el brazo de Frau Moeckel. Su ama inmediatamente le preguntó cuánto era cinco más cinco. Rolf indicó el número diez dando golpecitos. Después de este extraordinario comienzo, Frau Moeckel, la esposa de un abogado, se dedicó a enseñarle a Rolf. La primera noche, el perro había demostrado que entendía los números hasta cien. En pocos meses pudo reconocer las letras del alfabeto. Incluso esto no fue suficiente para Rolf, y desarrolló un sistema de señales con la pata para representar cada letra. Finalmente, Rolf y Frau Moeckel salieron de viaje y el perro fue examinado por importantes científicos del momento. Rolf también probó que podía pensar claramente. En Génova, un profesor llamado William Mackenzie le preguntó a Rolf qué significaba la palabra "otoño". El perro inmediatamente respondió: "es tiempo para manzanas". También mostró un buen sentido del humor. Cuando una mujer le preguntó si había algo que pudiera hacer por él, Rolf respondió: "¡mueve tu cola!"[30]

La hija de Rolf, Lola, era tan dotada como su padre. Sin embargo, tomó tiempo que sus capacidades emergieran. Los científicos estaban ansiosos por averiguar lo que la hija de Rolf podía hacer, pero los decepcionó a todos. Ni siquiera Frau Moeckel pudo enseñarle algo, excepto que dos golpecitos de su pata significaba "sí" y tres "no". Al final, Lola fue dada a Henny Kindermann, una domadora de animales muy paciente, quien luego escribió *Lola: or the Thought and Speech of Animals*. Frau Kindermann y Lola desarrollaron un vínculo cercano e intuitivo después que ella le dijo a Lola que ayudaría a todos los perros si estaba preparada para demostrar lo que podía hacer.

La perra desarrolló una forma más rápida de responder preguntas matemáticas. Decidió que su pata izquierda representaría decenas y la derecha unidades. Por consiguiente, si la respuesta era treinta y cinco, daba tres golpecitos con la pata izquierda y cinco con la derecha. Al final, Lola podía solucionar problemas matemáticos escritos. Hacía esto mirando la hoja de papel antes de indicar la respuesta correcta.

Lola también pudo expresarse fonéticamente. Una vez se le preguntó el nombre del famoso perro de Mannheim. En lugar de decir "Rolf", dijo "main fadr" (mein vater = mi padre).[31]

Ha habido muchos casos de perros que pueden desarrollar ejercicios matemáticos complicados y responder preguntas. Obviamente, Rolf y Lola eran excepcionales, pero parece que los perros pueden hacer mucho más de lo que pensamos. La mayoría tienen un vocabulario básico debido a que no se les enseña palabras diferentes a las usuales: "siéntate", "quédate" y "acuéstate". Los perros que son entrenados para ayudar a personas minusválidas, responden a un mínimo de noventa órdenes.

Nunca es demasiado tarde para comenzar. Sin embargo, cuando el perro está joven es el mejor tiempo para entrenarlo. En las regiones salvajes, las madres de estos perros les enseñarían habilidades de supervivencia todos los días. Los cachorros domesticados se interesan por aprender y disfrutan la estimulación mental, que también ayuda a su desarrollo psicológico y físico.

Los primeros experimentos científicos para probar la capacidad psíquica de los perros fueron llevados a cabo en

Rusia. Mars, un pastor alemán, fue un famoso perro de circo que podía contar y bailar. Vladimir M. Bekhterov y Alexander Leontovitch, dos académicos soviéticos, propusieron una prueba científica. Le dieron al entrenador de Mars, Vladimir Durov, una nota que contenía instrucciones para una tarea que querían que el perro realizara. Durov leyó la nota, y luego tomó la cabeza de Mars entre las palmas de sus manos. Miró fijamente a los ojos del animal, y cuando lo soltó nada sucedió. Lo intentó de nuevo, y esta vez, Mars se dirigió a una habitación en la que nunca antes había estado y miró alrededor. El cuarto contenía tres mesas llenas de archivos, papeles y libros. Mars se paró en sus patas traseras para examinar los objetos en la primera mesa. Repitió esto con la segunda. En la tercera mesa, el perro encontró lo que estaba buscando. Agarró la guía telefónica con su boca y se la llevó a Durov. Esto era exactamente lo que los científicos habían escrito en la nota, y Durov transmitió con éxito las instrucciones a Mars telepáticamente.[32]

Después de este comienzo, Vladimir Bekhterov ideó una serie de pruebas especialmente preparadas para eliminar cualquier tipo de clave consciente o inconsciente entre el perro y su entrenador. Incluso puso tabiques entre él y los perros para que no hubiera pistas inconscientes que su lenguaje corporal pudiera proveer. Al final, Mars y un terrier escocés llamado Pikki, pudieron desarrollar una serie de órdenes no habladas que convencieron a Bekhterov de la realidad de la comunicación telepática entre hombre y perro.

Vladimir Durov se convirtió en director del laboratorio zoosicológico en Moscú y continuó sus experimentos de telepatía hasta que murió en 1934. Su libro *Training of Animals* describe sus métodos para desarrollar las habilidades telepáticas en los perros. El factor más importante era un estrecho vínculo emocional entre el adiestrador y el perro. Antes de cada prueba era importante atraer y mantener la atención del animal. Durov hacía esto tomando la cabeza del animal con ambas manos y mirándolo fijamente a los ojos. Luego enviaba telepáticamente las acciones específicas que quería que el perro realizara. Lo hacía imaginando que desarrollaba las acciones requeridas. Cada prueba exitosa era premiada con un pedazo de carne fresca.

Durov fue un entrenador excepcional, y después de su muerte nadie pudo adiestrar los perros al nivel que él tenía. Sin embargo, las investigaciones continuaron en la Unión Soviética. En 1942, en el Instituto Zooveterinario de Kharkov, se desarrolló un experimento con una perra madre y sus cachorros. En principio, los investigadores hicieron que se acostumbrara a separarse de sus perritos una y otra vez. Cuando se acostumbró a esto, y lo aceptaba sin queja, los cachorros fueron llevados a una habitación fuera del alcance del oído, donde experimentaron dolor. En ese mismo momento, la perra madre se puso inquieta, empezó a ladrar y miró en la dirección donde estaban sus perritos.[33]

En los Estados Unidos ha habido experimentos apoyados por el gobierno, para determinar si los perros son psíquicos. En 1952, representantes del ejército le preguntaron al doctor J. B. Rhine si creía que los perros podían localizar minas terrestres ocultas. Si podían lograrlo, muchas vidas serían salvadas. El doctor Rhine aceptó desarrollar algunos experimentos para ver si los perros poseían la capacidad clarividente necesaria.

Las pruebas fueron conducidas en una playa al Norte de San Francisco, California. Cinco cajas de madera se enterraron en la arena para representar minas terrestres ocultas. Un adiestrador de perros que no tenía idea de dónde estaban enterradas las cajas, guió a los perros a través de la playa. Estaban entrenados para que se sentaran cuando sintieran que habían detectado una de las cajas.

Se realizaron 203 pruebas en un período de tres meses, y los perros localizaron exitosamente las cajas un poco más del 50 por ciento del tiempo. Sin embargo, los entrenadores notaron que los perros lograban mejores resultados al comienzo de cada prueba, y que la frecuencia en la precisión disminuía después de un corto período de tiempo.

Finalmente, el ejército detuvo las pruebas porque los resultados no eran suficientemente constantes. El otro problema era que los perros necesitaban estar acompañados por un entrenador para localizar exitosamente las minas.[34]

Remi Cadoret, del laboratorio de parasicología de la Duke University, estudió a Chris, el perro maravilla, a finales de los años cincuenta. Chris, un perro mestizo, podía responder preguntas golpeando el número correcto de veces con la pata sobre las mangas de la camisa de su amo. Remi Cadoret introdujo al perro a la baraja Zener, que consta de veinticinco cartas y era usada frecuentemente en experimentos psíquicos. La baraja consiste en cinco cartas de cada uno de los cinco diseños (círculo, signo más, cuadrado, estrella y líneas onduladas). Las cartas eran metidas en sobres negros y bien mezcladas para asegurar que nadie supiera el orden correcto. Esto eliminaba la posibilidad de que Chris leyera la mente de alguien. El perro podía determinar qué carta estaba en determinado sobre clarividentemente. En una serie de pruebas la probabilidad de acierto fue de "uno en mil millones".[35]

Otra prueba científica fue más concluyente. Aristed Esser, un psiquiatra del Rockland State Hospital en Nueva York, fue inspirado por rumores de que los soviéticos habían experimentado exitosamente la percepción extrasensorial en animales.[36] El doctor Esser decidió averiguar si los perros respondían telepáticamente cuando sus amos o parientes caninos se sentían amenazados.

Uno de sus primeros experimentos fue colocar dos sabuesos que habían sido entrenados como perros de caza en una habitación en el extremo de un hospital. El amo fue ubicado en un cuarto al otro extremo. Su tarea era disparar una escopeta de aire comprimido sobre diapositivas a color de animales que eran mostrados sobre una pared de la habitación a intervalos aleatorios. Los perros empezaban a ladrar y gemir tan pronto como él disparaba la escopeta, aunque no podían ver ni oír lo que estaba sucediendo.

Un experimento posterior empleó un boxer y su ama. El perro fue colocado en un cuarto a prueba de sonidos, con un mecanismo que medía sus latidos del corazón. La mujer fue ubicada en otra habitación. Repentinamente un hombre se precipitó en este cuarto y empezó a gritarle a ella. La mujer no tenía idea de que esto era parte del experimento y estaba aterrorizada. En el momento exacto en que eso ocurría, el ritmo cardiaco del boxer aumentó dramáticamente.

Otra prueba involucró dos boxers, madre e hijo. De nuevo, fueron colocados en habitaciones separadas. Cuando uno de los experimentadores usó un periódico para amenazar al perro más joven, la perra madre inmediatamente se encogió de miedo.

SU PERRO PSÍQUICO

Es probable que su perro sea mucho más inteligente de lo que usted cree. Él disfrutará desarrollar experimentos psíquicos, ya que verá esto como otra forma de agradarlo. No practique estas pruebas durante horas consecutivas, pues la frecuencia de éxito disminuye cuando el perro se cansa y pierde interés. El tiempo adecuado es de unos veinte minutos. Sesiones cortas regulares son mucho mejores que una sesión prolongada una que otra vez. Colme de elogios a su perro cada vez que tenga éxito en cualquiera de estas pruebas.

Tenga en cuenta que las habilidades psíquicas no se desarrollan de manera regular. Su perro puede comenzar bien y luego perder terreno. Esto es normal. Siga experimentando y notará los progresos.

Muchos quieren mostrar las capacidades del animal a los demás. Su perro está bien consciente de los procesos mentales de todos los que lo rodean. Si usted trata de demostrar los talentos de su perro a un escéptico, probablemente el animal se rehusará a hacerlo o lo hará mal. Sin embargo, cuando está rodeado por gente agradable y de mente abierta, el perro mostrará interés en demostrar sus habilidades.

Prueba de colores

Durante años se pensó que los perros podían ver sólo en blanco y negro. Sin embargo, ahora se sabe que son capaces de ver matices de color similares a los claros pasteles. Pueden fácilmente diferenciar una bola roja de una azul, pero tienen problemas semejantes a los que experimentan personas con daltonismo del rojo-verde, y encuentran difícil determinar los colores del amarillo verdoso al rojo.[37]

Para esta prueba necesitará seis bloques de madera grandes, cada uno pintado con un color diferente. Yo uso los colores primarios: rojo, azul, negro, verde, amarillo y blanco. Póngalos en fila a varios pies de usted. Muéstrelos a su perro, recogiendo uno a la vez y diciéndole qué color es. Escoja un color y muéstreselo varias veces. Mezcle los bloques y póngalos en fila. Pídale al perro que le traiga el bloque del color que había escogido. Una vez que el animal lo haga, repita el procedimiento con los otros colores.

Ahora puede comenzar la prueba. Mezcle los bloques y pídale a su perro que le traiga, por decir algo, el azul. Cólmelo de elogios cada vez que tenga éxito. Siga practicando esto hasta que sea obvio que su mascota pueda identificar cada bloque por su color.

Hasta ahora, esta ha sido una prueba de inteligencia. Su perro disfrutará entregarle los colores correctos, y considerará este experimento como un maravilloso juego. De hecho, usted puede ampliar más el juego. Podría pedirle a su mascota que le traiga el bloque que hace juego con los colores que usted está usando. Puede pedirle que le traiga su color favorito o el que menos le gusta. Encontrará que estas elecciones permanecen constantes. Ahora es tiempo de convertir este juego en una prueba de telepatía.

Mentalmente elija un color y envíe un mensaje telepático a su perro, pidiéndole que le traiga ese bloque específico. Enfoque sus pensamientos en el perro caminando, eligiendo el bloque y llevándolo hacia usted. En principio, el animal puede parecer confundido o perplejo, porque está acostumbrado a recibir órdenes en voz alta. Sin embargo, después de una posible resistencia menor para empezar, su perro le llevará el color que está pensando.

Esta prueba puede ser desarrollada con cualquier grupo de objetos que el perro pueda recoger y llevárselo a usted.

Prueba de "tiempo para salir a pasear"

Esta es otra prueba de telepatía. Siéntese en algún lugar de una habitación diferente a la de su perro. Cierre los ojos y piense en llevar de paseo a su mascota. Visualícese haciendo los usuales preparativos y luego saliendo de la casa e iniciando el paseo. Imagine a su perro y lo que normalmente estaría haciendo al comienzo de una caminata.

Es probable que su perro se pare emocionado frente a usted, listo para salir a pasear, antes que haya finalizado su visualización. Por supuesto, esta prueba debe ser hecha en una ocasión en que normalmente no sale a caminar. Premie a su mascota llevándola de paseo.

Esta prueba también puede ser realizada para cualquier otra cosa que agrade a su perro. También funciona al contrario. Cada vez que yo pensaba en darle un baño a nuestro perro, inmediatamente desaparecía (vea "prueba de la hora del baño").

Prueba de una visita inesperada

Mientras da un paseo con su perro, piense en un lugar en la ruta que le gustaría visitar. Debe ser un lugar en el que regularmente no se detiene. Si su caminata pasa por la casa de un amigo, por ejemplo, piense en qué bueno sería visitarlo. Vea si el perro sigue el camino hacia ese sitio sin indicaciones verbales o físicas de su parte.

Prueba de ¿qué te gustaría hacer?

Esta es una prueba más avanzada. Siéntese calmadamente en algún lugar, cierre los ojos y envíe a su perro un mensaje psíquico, preguntándole qué desearía hacer.

Puede encontrar que el animal se acerca emocionado porque usted va a hacer lo que él quiere. Al mismo tiempo, podría recibir una impresión mental de lo que su mascota desea hacer. Si esta impresión no ocurre, siga a su perro y vea si el provee pistas para que usted realice la respuesta deseada.

Bruce, nuestro labrador, usualmente quería salir en el automóvil. A veces pedía jugar con su bola. También elegía dar una caminata, pero la mayor parte del tiempo, llegaba a mí la petición de un paseo en el coche. Siempre se sentaba en la parte trasera, mirando de lado a lado, aprovechando al máximo el viaje.

Prueba de petición múltiple

Esta fascinante prueba involucra el sugerir mentalmente que su perro realice un número de acciones. Usted podría, por ejemplo, pensar que el animal vaya a la alcoba y traiga sus pantuflas antes de recoger un juguete, de tal forma que los dos puedan jugar.

Yo encuentro que esto funciona si el perro está durmiendo y las tareas son agradables. Siéntese en la misma habitación con su perro y piense en las acciones que desea que él realice. Piense en cada acción separadamente, diciéndose mentalmente algo como esto: "quiero que me traigas las pantuflas primero, y luego vayas y encuentres tu muñeco de plástico para que juguemos".

Cuando experimente esto por primera vez, tal vez deba pensar en la tarea inicial hasta que el perro la haya hecho, y luego pensar en la segunda tarea hasta que también sea realizada exitosamente, antes de seguir con la tercera. Sin embargo, con el tiempo, podrá pensar en toda una serie de actividades, y su perro las hará fielmente y en orden.

Prueba de búsqueda

Si su perro tiene un juguete que aprecia mucho, usted podrá desarrollar este experimento. Cuando su mascota esté fuera de la habitación, esconda el juguete en un lugar donde pueda encontrarlo. Llame al perro y pídale que encuentre el objeto.

Si el juguete es guardado en determinado lugar, el perro irá ahí primero. Probablemente estará renuente a buscar en otro lado. Piense en el sitio donde ha escondido el juguete, y trate de transmitir estos pensamientos a su perro. Telepáticamente guíelo hacia el objeto paso a paso.

No repita este ejercicio más de una vez al día. Cuando el perro encuentre el objeto, pase un rato con él disfrutando un juego con dicho objeto.

Obviamente, los juguetes preferidos desarrollan un olor que puede ser captado por las mascotas. Para evitar esto, trate de poner los objetos en contenedores herméticos y vea si el animal aún puede localizar el juguete. He descubierto que los utensilios de cocina plásticos funcionan bien. Esto se asemeja parcialmente a las pruebas hechas con gatos en la Duke University de Durham, Carolina del Norte, en las cuales el alimento de gato era escondido en idénticos recipientes sellados, eliminando los sentidos del olfato y la vista. Los investigadores en Durham pensaron que los resultados de esta prueba "convertían a la clarividencia de los gatos en la más probable explicación".[38]

Prueba de clarividencia

Esta es una variación de la prueba anterior. Necesitará cinco o seis cajas idénticas. Ponga el juguete dentro de una de ellas. Coloque otros objetos en las cajas restantes. Ciérrelas, mézclelas, y luego pídale a su perro que encuentre la caja que contiene su juguete.

Prueba de la hora del baño

Nuestro perro Bruce odiaba bañarse y siempre desaparecía con el solo hecho de que pensáramos en ello. Siempre respondía a las llamadas, excepto cuando era la hora del baño. Si su perro odia una actividad específica, puede ensayar la siguiente prueba de telepatía.

Su perro debe estar fuera de la vista. Siéntese, cierre los ojos y piense en la actividad que su mascota detesta. Con Bruce, pensaría en darle un baño. Piense en ello por al menos cinco minutos. Luego llame al perro y vea si aparece. Su perro puede hacer lo que hizo Bruce, y simplemente no responder. Alternativamente, puede responder pero llegando a usted en forma renuente. Esto también es un éxito, ya que el perro obviamente lee sus pensamientos. El experimento es considerado un fracaso si su mascota llega hasta usted de forma normal.

*No hay un secreto tan íntimo
como el de un jinete y su caballo.*
—R. S. SURTEES (1805–1864)

4

El noble caballo

Sería difícil encontrar un animal que sea más admirado y valorado que el caballo. Estos animales han servido a la humanidad durante unos cinco mil a seis mil años. Hay numerosos dibujos en cavernas que muestran escenas con caballos. Los primitivos dependían de ellos. En un principio los cazaban para obtener alimento y luego fueron domesticados para ganar movilidad. Desde entonces han sido cabalgados en batallas, usados para transportar cargas pesadas y explotados en muchas otras formas. Sin embargo, también han sido amados y cuidados por personas que valoran su amistad, espíritu noble, resistencia y belleza.

Cuando El Cid, el legendario guerrero español, recibió el ofrecimiento de un caballo por parte de su padrino, él escogió un potro blanco, flaco y torpe, aunque había podido elegir caballos mucho mejores. Su padrino pensó que El Cid había hecho una elección absurda y llamó al caballo Babieca, que significa "un tonto". Sin embargo, El Cid amaba a este animal, lo entrenó bien, y al final probó que su padrino estaba equivocado. Cuando El Cid se convirtió en líder del ejército español, Babieca lo llevó a todas las batallas. Desafortunadamente, en su última gran batalla, El Cid fue herido mortalmente. Antes de morir, pidió a sus hombres que secretamente lo embalsamaran para que Babieca pudiera llevarlo a la lucha por última vez. Los hombres de El Cid estaban desmoralizados y perturbados por la pérdida de su líder. Cuando éste apareció durante la batalla, sus hombres no podían creer lo que veían. Ellos recuperaron el ímpetu perdido y derrotaron arrolladoramente a los moros.[1]

El emperador romano Calígula convirtió en senador a su caballo preferido. Incitatus (que significa "rápida velocidad") ganaba todas las carreras en las que participaba. El agradecido Calígula le dio una hermosa villa, con muchos esclavos para cuidarlo. El caballo tenía una alcoba de mármol con paja que era cambiada diariamente. Su abrevadero era de oro puro. Incluso era invitado a las desenfrenadas fiestas de Calígula y consumía la misma comida de los otros invitados.[2]

Los caballos han jugado un papel importante en la historia de la humanidad, pero actualmente es raro verlos en las grandes ciudades. En varios sitios la policía montada los usa para controlar la muchedumbre y crean una notoria impresión. Las carreras de caballos y los eventos ecuestres en televisión permiten que la gente observe a estos animales en competencia. El estrecho vínculo entre un caballo y su jinete, particularmente en eventos ecuestres, es obvio.

Los caballos son animales muy inteligentes, con sentidos mucho más desarrollados que los nuestros. Están totalmente sintonizados con su entorno. Sus potentes sentidos del olfato y tacto son un factor importante al establecer relaciones con los humanos y otros caballos. Usan su agudo sentido del olfato para determinar el nerviosismo de sus entrenadores. Los profesionales en el manejo de caballos afirman enfáticamente que estos animales pueden oler el miedo de jinetes. Los sementales poseen un olfato tan potente, que pueden sentir a una yegua en celo a media milla de distancia.[3] A los caballos no les gusta el olor de la sangre, y obviamente se ponen tristes cuando están cerca a un matadero.

También tienen un sentido del oído mucho más potente que el nuestro. Nosotros oímos hasta veinte mil ciclos por segundo, pero los caballos captan hasta veinticinco mil. Tanto en humanos como en los caballos, esto tiende a disminuir con la edad.

El sentido de la vista del caballo es poco común. Sus ojos son más grandes que los de elefantes y ballenas, y pueden ver bien en la noche. Se enfocan en objetos levantando y bajando la cabeza. Ven menos detalles que nosotros, pero son mucho mejores al detectar movimiento. Los caballos pueden mover los ojos independientemente, y la ubicación de éstos, a los lados de la cabeza, les da una visión lateral buena y casi total (340 grados). Tienen puntos ciegos directamente adelante y atrás de ellos. Por consiguiente, es mejor no acercárseles desde estas direcciones, ya que es probable que se asusten.

La percepción psíquica de los caballos ha sido conocida durante miles de años. Horas antes del famoso terremoto de San Francisco en 1906, los caballos se agitaron y muchos salieron de sus casillas de establo. En su estado salvaje frecuentemente demuestran habilidades psíquicas cuando son perturbados. Aunque algunos de los caballos pueden estar fuera del alcance de vista y sonido de los otros, en la más leve señal de peligro, todos se darán cuenta de ello, primero aguzando sus oídos, bufando, y luego alejándose del peligro potencial.

Un ejemplo común de la capacidad psíquica de los caballos me lo relató un amigo de Inglaterra que disfruta la cacería de zorros. Su caballo siempre sabe cuándo van de cacería y se emociona, mucho antes de que mi amigo llegue a las caballerizas. Me han contado muchas historias similares acerca de la extraordinaria capacidad de los caballos para percibir anticipadamente actividades agradables.

Hace muchos años, una yegua de tiro española se rehusó a atravesar el túnel de una montaña que había pasado sin problemas un gran número de veces. Su jinete quedó frustrado y enojado, especialmente cuando una fila de molestos jinetes se acumuló detrás de ellos. La yegua estaba demostrando su poder precognitivo. Poco después, el túnel se derrumbó.[4]

Hay muchos relatos de caballos que se niegan ir a lugares donde se experimentan fenómenos paranormales. Ellos tienen muy desarrollado el sentido del peligro inminente, y parecen entender intuitivamente el estado emocional de sus jinetes.

En la novela clásica *Black Beauty*, el caballo se rehusó a cruzar un puente en la oscuridad, incluso cuando su amo lo azotó. El puente se había quebrado en el centro por una tormenta, y el animal intuitivamente lo sabía.[5]

En el libro *Animal Folklore, Myth and Legend*, Anthony Wootton habla de un granjero que siempre sabía cuándo empezar a cocinar. El potro de su yegua se emocionaba una media hora antes que su madre regresara del mercado, relinchando fuerte y golpeando la puerta de su caballeriza fuertemente. Ya que el tiempo de viaje de ida y vuelta al mercado variaba, el potro captaba los pensamientos de su madre telepáticamente.[6]

Este fuerte entendimiento intuitivo es usado en forma acertada en los programas del Riding for the Disabled Association. Mi hermana Penny asistió a uno de tales programas durante muchos años, y nunca pudo olvidar la increíble empatía que los caballos mostraban a personas con problemas físicos y mentales. Penny trabajó con niños que sufrían del síndrome de Down, y frecuentemente ha hablado de los estrechos vínculos que se desarrollaron entre los caballos y estos niños.

Los caballos se comunican usando todos sus sentidos. El sonido es importante, por supuesto, pero no tienen un amplio rango de sonidos para escoger. Los sonidos suaves que las yeguas emiten para tranquilizar a sus potros son inconfundibles, y también es oído a veces cuando el caballo piensa que la comida se aproxima. Los caballos relinchan de emoción, bufan cuando algo inusual llama su atención, y chillan o gruñen cuando están agresivos. También relinchan cuando un caballo se ha separado del grupo, o si ven uno de sus compañeros a la distancia.

Sin embargo, la comunicación involucra otras señales físicas tales como el contacto mutuo, el lenguaje corporal y el olor. El contacto mutuo involucra el gusto, tacto y olfato, y es hecho para hacer amistad con otros caballos o mostrar tal disposición. Las palmaditas y caricias hechas por humanos también crean lazos estrechos. Los caballos se soplan mutuamente las ventanas de la nariz y, en parte gracias a *The Horse Whisperer*, (bestseller que más tarde fue llevado al cine) muchas personas han aprendido que esta es una excelente forma de entablar amistad con un caballo.

Hay un creciente número de psíquicos de caballos que pueden comunicarse con estos animales. El más famoso fue un marinero retirado llamado Fred Kimball, quien murió en 1996 a la edad de 91 años. Las personas le telefoneaban y daban el nombre y sexo de sus caballos. Luego Kimball se sintonizaba psíquicamente con el animal y tenía una conversación mental con él. Después de esto, podía hablarles a sus clientes de las enfermedades físicas y psicológicas del caballo. Kimball cobraba veinticinco dólares, y confiaba en la honestidad de las personas que le enviaban el pago por correo.[7]

El lenguaje corporal de los caballos es fácil de entender. Por ejemplo, si un caballo voltea la parte trasera del cuerpo hacia usted cuando entra a su casilla, debe proceder con cautela. Cuando sacude la cabeza, chasquea la cola o da golpes con una pata posterior, está enviando mensajes de irritación.

El porte del caballo muestra qué positivo y emocionado se encuentra. Cuando se siente bien consigo mismo luce impresionante. Cuando está cansado o desalentado, todo su porte decae y parece más pequeño.

Las orejas del caballo son controladas por trece juegos de músculos y rara vez están quietas. Son increíblemente móviles, y reciben señales auditivas además de revelar cambios de humor, sentimientos y el estado emocional del animal. Cuando son aguzadas fuertemente hacia adelante, es señal de que el caballo está interesado en algo y le pone poca atención al jinete. Las orejas se levantan rígidamente cuando algo parece inusual o preocupante. Bajan y se ponen flácidas cuando el caballo está relajado o cansado. Pueden incluso descolgarse si el animal se encuentra adolorido o agotado. Si las orejas están echadas rígidamente hacia atrás y empalmadas contra la cabeza, es una señal de agresión, disgusto o enojo. Cuando están moviéndose, el caballo se encuentra atento en la tarea que está desempeñando. Si el animal tiene miedo del jinete, las orejas son proyectadas a los lados, con las aberturas mirando hacia el jinete.

La cola también es un indicador preciso de los sentimientos del caballo. Cuando está levantada, el animal se siente emocionado, alerta y eufórico. Cuando la cola está caída, el caballo se encuentra sumiso, temeroso, tensionado, cansado o adolorido. A veces, puede ser levantada tan alto, que da golpecitos sobre el lomo del animal. Esto es comúnmente visto cuando un caballo joven trata de estimular a otro para que jueguen. Los caballos chasquean la cola cuando están molestos o frustrados. La fuerza del coletazo aumenta cuando el animal tiene ira. Es una señal de mayor cólera (y la posibilidad de una patada) cuando la cola es fuertemente chasqueada en lo alto y luego abajo.

Los caballos son animales muy inteligentes y tienen una excelente memoria. Rápidamente aprenden a distinguir diferentes figuras. En una prueba que involucraba veinte pares de diseños, los caballos pudieron distinguirlos con facilidad, y retuvieron el recuerdo de diecinueve de ellos doce meses después.[8]

Las personas que trabajan cercanamente con caballos, a menudo desarrollan una conexión psíquica con ellos. En el libro *Talking with Horses*, Henry Blake presenta varios ejemplos de comunicación psíquica entre él y los caballos que entrenaba. También observó un número de ocasiones en que sus caballos podían comunicarse con otros caballos telepáticamente. Si uno estaba asustado, por ejemplo, los demás respondían claramente, incluso estando lejos.[9]

A través de los años ha habido caballos que desarrollaron complicadas hazañas matemáticas. A comienzos del siglo XX, Clever Hans, de Elberfeld, Alemania, fue el más conocido de ellos. Podía realizar cálculos matemáticos golpeando una pata sobre el suelo. Respondía otras preguntas negando o afirmando con el movimiento de su cabeza. Si se le preguntaba cuánto era tres veces dos, golpeaba el suelo seis veces.

Su dueño, Wilhelm von Osten, quien anteriormente había sido profesor de matemáticas, afirmaba que no le daba indicaciones a Hans de ningún modo. Tampoco trató de hacer dinero con las habilidades de su caballo. La gente estaba asombrada por las hazañas de Clever Hans, y se decía que tenía las capacidades mentales de un humano de ocho años. Hasta el káiser se interesó en este fenómeno, y delegó una comisión para que lo investigara.

Antes de morir en 1909, von Osten le pidió a un amigo que se convirtiera en su socio. Enseñó a Karl Krall todo lo que sabía sobre entrenamiento de caballos. Krall usó las mismas técnicas en otros cuatro ejemplares: Muhamed, Zarif, Berto y Hänschen. Ellos, junto con Hans, se hicieron famosos como los "caballos de Elberfeld". Karl Krall encontró que los cuatro nuevos caballos podían aprender muy rápidamente. Él ideó un diagrama especial que consistía en cuarenta y nueve cuadrados, representando todas las letras y diptongos del idioma alemán. Esto les permitió a los caballos "hablar" golpeando una pata sobre los cuadrados apropiados.

Sin embargo, dos investigadores, el profesor C. Stumpf y Otto Pfungst, descubrieron que Clever Hans era incapaz de responder una pregunta si quien la hacía no sabía la respuesta. Esto significaba que el caballo estaba realmente leyendo indicaciones de su público. Cuando se le hacía una pregunta, la audiencia naturalmente miraba sus patas. Cuando llegaba a la respuesta correcta, la gente miraba de nuevo su cara, y Hans se detenía golpeando el suelo. De algún modo había aprendido accidentalmente un truco ingenioso. Clever Hans también podía detectar la mayor tensión del público cuando la pata se acercaba a la respuesta correcta. Las personas se preocupaban porque él podría cometer un error, y Hans lo captaba, deteniéndose en el momento apropiado.

Hans mereció ser llamado "Clever Hans" (inteligente Hans), pero por su gran capacidad de observación y la habilidad para leer el lenguaje corporal, y no por su destreza matemática.[10] Desde entonces, los investigadores sobre el comportamiento de animales han tenido mucho cuidado de no caer en esta trampa cuando analizan la inteligencia animal. De hecho, esto se ha conocido como el "fenómeno Clever Hans".

Los científicos de la época quedaron satisfechos al encontrar una explicación racional para las habilidades de Clever Hans, pero parece que dejaron de investigar muy pronto. Maurice Maeterlinck, el escritor belga que recibió el premio Nobel de literatura en 1911, investigó los caballos de Elberfeld. Él estaba resuelto a crear pruebas que no pudieran ser respondidas por pistas sensorias inconscientes. En una ocasión, se encontraba solo con Muhamed, experimentando con diferentes palabras que llegaban a su mente. Pensó en el nombre del hotel donde se hospedaba (Weiderhof), y Muhamed deletreó "Weiderhoz". Karl Krall, el entrenador, entró y le dijo al caballo que la palabra había sido mal escrita. Muhamed inmediatamente cambió la letra final por F.

Maeterlinck ideó una prueba de clarividencia. Tomó tres cartas, cada una con un número impreso, las mezcló, y luego las puso boca abajo sobre el suelo frente a Muhamed. Nadie sabía qué número creaban las tres cartas, pero el caballo inmediatamente pateó la respuesta correcta. Maeterlinck hizo la misma prueba con los otros caballos, y tuvieron éxito en todo momento. Obviamente, en este caso, los caballos no estaban captando pistas sensorias de alguien.[11]

Black Bear fue otro caballo que mostró tener talento para las matemáticas. Sin embargo, también parecía tener capacidad en clarividencia. De acuerdo a un informe en la edición de abril de 1931 de *Psychic Research*, Black Bear podía ver el respaldo de cartas de juego y determinar qué palos y denominaciones había. Si no sabía la respuesta, el caballo se rehusaba a adivinar. En una ocasión, una mujer conocida como la Sra. Fletcher, llegó a verlo. El Sr. Barett, entrenador de Black Bear, preguntó al caballo si un aniversario estaba a punto de ser celebrado. El animal inmediatamente deletreó "cumpleaños", lo cual era correcto. Luego la Sra. Fletcher le preguntó cuándo sería. Black Bear respondió "viernes". "¿Qué fecha será esa?", preguntó la señora. "Agosto 3". Esta era la fecha del cumpleaños de la Sra. Fletcher, y ella era la única persona presente que lo sabía. Black Bear estaba obteniendo la información telepáticamente de la mente de la Sra. Fletcher.[12]

En 1929, el profesor J. B. Rhine publicó su primer artículo en el campo de la parasicología.[13] Éste se refería a una potra, Lady Wonder, que también podía responder preguntas. La dueña de Lady Wonder, la Sra. Claudia Fonda, notó que el animal tenía habilidades psíquicas cuando a medio galope se acercaba a ella mientras pensaba en salir a dar un paseo. Creyendo que esto era una coincidencia, la Sra. Fonda lo intentó en diferentes ocasiones. Lady Wonder respondía con mucha frecuencia para ser sólo coincidencias. La Sra. Fonda contactó al profesor Rhine, quien hacia poco había llegado a la Duke University. En lugar de usar sus patas para responder preguntas, Lady Wonder apuntaba su nariz hacia las letras y números impresos en un tablero. Pensando que el animal podía estar obteniendo indicaciones inconscientes de su dueña, los investigadores le pidieron a la Sra. Fonda que no estuviera presente en las pruebas. Esto no cambió los resultados.[14]

Lady Wonder lograba hazañas increíbles. Alguien le preguntó acerca de un niño llamado Danny Matson, quien había desaparecido hacia varios meses. Lady Wonder deletreó "Pittsfield". La policía inició la búsqueda en el área de Pittsfield, Massachusetts, sin tener éxito. Un capitán de la policía cayó en cuenta que una cantera abandonada cercana era conocida como the Field y Wilde Water Pit. Buscaron en la cantera y encontraron el cuerpo del niño.[15]

Lady Wonder también era precognitiva. Un día, deletreó la palabra "engine" (máquina). Esta era una palabra totalmente nueva para ella. Poco después, un tractor se volcó en la carretera. También predijo que Estados Unidos y Rusia tomarían parte en la II Guerra Mundial, y exitosamente pronosticó que Harry Truman ganaría las elecciones de 1948, cuando casi todos los comentaristas creían que perdería. Lady desarrolló además un talento para predecir los ganadores en las carreras de caballos. Sin embargo, una vez que las revistas empezaron a publicar artículos sobre sus habilidades en esta área, los directores de las carreras pidieron que dejara de hacerlo.

En 1932, la reportera de un periódico le preguntó a Lady Wonder quién sería nombrado candidato del partido democrático para las próximas elecciones presidenciales. Lady Wonder deletreó "ROO", y luego hizo una pausa. Cuando empezó de nuevo, deletreó "no puedo deletrear el nombre". A finales de 1932, Franklin Delano Roosevelt se convirtió en el presidente de los Estados Unidos.[16]

El profesor Rhine concluyó que Lady Wonder tenía habilidad telepática. La Sra. Fonda coincidió con esto. Ella también pensaba que cualquier caballo podía hacer las hazañas que Lady realizaba, siempre y cuando su dueño estuviera interesado en enseñarles, usando un tablero con el alfabeto. Los Fonda no se preocuparon por hacer dinero con su talentoso animal y rechazaron muchas ofertas de Hollywood. No hicieron nada para publicitar o promover a su caballo, y nunca se acostumbraron a los montones de personas que los visitaban diariamente. Los Fonda eran cristianos que creían que las habilidades de la yegua venían de Dios. Sin embargo, la Sra. Fonda pensaba que si las personas tenían problemas debían pedirle ayuda al ser supremo, en lugar de consultar a un animal. Lady Wonder tuvo un ataque cardiaco y murió el 19 de marzo de 1957, a la avanzada edad de 33 años.[17]

Roy Rogers insistía que Trigger era "el caballo más inteligente del cine". Trigger, un hermoso palomino, fue estrella de ochenta y siete películas, la mayoría de ellas con Roy Rogers. Sabía más de sesenta actos de habilidad, tales como caminar 150 yardas con sus patas traseras, sacar un revólver de la pistolera con su boca, y tomar leche de una botella. También sabía los números del uno al veinte, y podía sumar y restar de la misma forma que lo hacían los caballos de Elberfeld.[18]

No hay duda de que por la popularidad de las carreras de caballos, muchas personas tienen sueños precognitivos sobre quien va a ganar. No todos tienen que ver con potenciales ganadores. En la sociedad británica para la investigación psíquica, está registrado el sueño de un jockey irlandés que debía montar un caballo llamado Phoenicia en la pista de carreras de Manchester el día siguiente. En su sueño vio que él no montaba el caballo, pero éste había ganado la carrera con otro jockey. También soñó que su padre, de regreso en Irlanda, leía en el periódico vespertino que Phoenicia había ganado sin él en la silla. Cuando se alistaba para la carrera al día siguiente, el jockey recibió un telegrama del dueño del caballo, donde le informaba que otro jinete tomaría su lugar. Phoenicia ganó la carrera. El sueño del jockey también mostraba que su padre se había quejado muy enojado con el dueño del caballo por lo sucedido. Esto también ocurrió, y el propietario después se disculpó con el jinete por haberlo reemplazado a última hora.[19]

SU CABALLO PSÍQUICO

Debido a que los caballos son muy inteligentes y están alerta a toda clase de indicaciones subconscientes, no es fácil crear pruebas para determinar sus habilidades psíquicas. Las siguientes son algunas pruebas que han perdurado con el tiempo.

Prueba de telepatía

Esta es la prueba que alertó inicialmente a la Sra. Fonda sobre las habilidades psíquicas de Lady Wonder. Párese cerca a su caballo, preferiblemente fuera del alcance de su vista. Piense en él y vea si responde dirigiéndose hacia usted.

Si no lo logra, haga el experimento de nuevo ubicándose en una posición donde el animal pueda verlo. Una vez que responda regularmente a sus pensamientos, párese fuera de vista y vea si ocurre lo mismo.

Prueba de "sí o no"

Su fe en el éxito de este experimento es vital. Los caballos son muy intuitivos, y el suyo captará de inmediato cualquier sentimiento de duda que usted pueda tener si la prueba no funciona pronto. Igualmente, el caballo percibirá el escepticismo de su parte.

Aquí necesitará dos cuadrados o círculos hechos de cartón o madera laminada. Deben tener un diámetro aproximado de dos pies. Pinte uno de amarillo y el otro de azul.

Hasta hace poco tiempo se pensaba que los caballos no podían ver colores. Sin embargo, un interesante experimento demostró que sí pueden. Dos caballos fueron probados al ser conducidos a un salón que contenía varias pesebreras, todas con avena. Al frente de una pesebrera había una carta de color. Las otras pesebreras tenían cartas con diversas tonalidades de gris. A los caballos se les permitía comer sólo de la pesebrera marcada con la carta de color. Cada día el color era cambiado, al igual que la posición de todas las cartas. Los caballos aprendieron que debían dirigirse al sitio identificado con la carta de color si querían ser alimentados. Ellos tienen un sentido del color mucho más débil que el nuestro, y responden mejor a amarillos y verdes, seguidos por azules. Los que menos perciben son todos los rojos.[20]

Muestre los círculos de color a su caballo. Coloque las figuras directamente frente a las patas delanteras del animal. En principio, el caballo puede sentirse nervioso por el experimento y tentativamente tocar los círculos con las patas.

Dígale a su caballo que está desarrollando un experimento, y que el círculo frente a su pata derecha representa "sí", mientras el otro equivale a "no". Si la respuesta es "sí", el animal debe tocar el círculo con la pata derecha, y usar la izquierda si la respuesta es "no".

Repita estas instrucciones varias veces mientras que lo acaricia suavemente. Finalmente, pregúntele si entiende. El animal puede o no responder en su primer intento.

Si obtiene una respuesta positiva, continúe con preguntas que puedan ser respondidas con "sí" o "no". Debe considerar una respuesta positiva si el caballo golpea "no" al responder su pregunta. Está respondiendo a ella, pero no tiene la seguridad de lo que usted intenta hacer. Simplemente explíquele todo de nuevo. Dígale que lo ama y está desarrollando estos experimentos para que los dos puedan establecer un vínculo más cercano.

Cuando no hay respuesta, significa que el caballo no tiene idea de lo que usted trata de hacer. Explíquele nuevamente y vea si responde. Permanezca confiado y positivo.

Quite los círculos y colóquelos otra vez al día siguiente. Siga haciendo esto hasta que su caballo entienda sus intenciones.

Una vez que la comunicación haya sido establecida de esta manera, no hay límite para el número de preguntas que puede hacer. Sin embargo, no canse al animal saturándolo con preguntas durante horas. Veinte minutos es el tiempo máximo que debería utilizar para el ejercicio de responder preguntas, a menos que el caballo esté obviamente disfrutando la experiencia. Siempre podrá preguntarle si ya es suficiente, y continuar o finalizar de acuerdo a la respuesta.

Algunos caballos responden muy bien a esta prueba y además la disfrutan. Si el suyo es uno de estos, puede continuar con el experimento enseñándole números y las letras del alfabeto para ampliar el rango de preguntas y respuestas.

Hasta ahora, este ejercicio ha sido una prueba de habilidad psíquica de su caballo al entender y responder preguntas habladas. Una vez que él se haya acostumbrado a este experimento, usted encontrará que no necesita decir en voz alta las preguntas. Puede pensarlas y el animal responderá con un "sí" o "no", o enviando un pensamiento a su mente.

Comunicación mente a mente

Si tiene una estrecha relación con su caballo, probablemente ya se comunica inconscientemente con el animal. Mientras lo acaricia, piense calmadamente en él. Permita que su mente esté lo más tranquila y receptiva posible. Envíe pensamientos amorosos a su caballo.

Después de unos minutos, pregúntele mentalmente si lo ama. Espere y vea si aparece una respuesta en su mente. Una vez que reciba una respuesta, podrán continuar comunicándose mediante el intercambio de pensamientos.

En el siguiente capítulo hay más información sobre esta clase de comunicación.

Prueba de derecha o izquierda

Esta es una prueba que fue ideada por Harry Blake e incluida en su libro *Talking with Horses: A Study of Communication Between Man and Horse.*

Harry colocó dos baldes de comida separados diez yardas. Uno de ellos estaba vacío, mientras el otro contenía el desayuno del caballo. Telepáticamente le dijo a su caballo, Cork Beg, a cuál balde debía dirigirse. Tomó unos pocos días para que el animal fuera hacia el balde que su dueño quería. Harry Blake inició después una prueba más avanzada. Ambos baldes contenían comida y Harry pensó en el que deseaba que Cork Beg comiera. Durante los primeros cinco días, alternó el balde en el cual pensaba. Luego se concentró en el izquierdo por cuatro días consecutivos. Finalmente, el décimo día, se enfocó en el balde derecho y el caballo fue directamente a él. Luego continuó con el experimento variando el recipiente en el cual pensaba.[21]

Prueba de "yo también"

Esta es otra prueba ideada por Harry Blake. Él cree que los caballos se comunican entre sí telepáticamente, y creó este experimento para confirmar dicha hipótesis. Usted necesitará dos caballos cercanos, ya sean compañeros o con un fuerte vínculo sanguíneo.

Separe los caballos, de tal forma que no puedan verse ni oírse. Alimente uno de ellos y vea qué reacción tiene el otro. Veintiuna veces de veinticuatro pruebas, Harry Blake encontró que el otro caballo se estimulaba y exigía ser alimentado, aunque no fuera la usual hora de comer.22

Prueba de envidia

Necesitará dos caballos cercanos para hacer esta prueba. Cuando no puedan verse ni oírse mutuamente, juegue con uno de los caballos. Poco después, el otro mostrará señales de enojo o envidia por ser ignorado.

*T*odos los animales son iguales,
pero algunos son más iguales que otros.

—GEORGE ORWELL (1903–1950)

5

Animales grandes y pequeños

En este libro me he concentrado en gatos, perros y caballos, debido a que estas son las mascotas más populares y las que con mayor probabilidad pueden establecer una comunicación psíquica con sus dueños. Sin embargo, casi no hay límite para la variedad de mascotas que tiene la gente. He conocido personas que han tenido ajolotes, grillos, arañas, salamandras, ranas, lagartijas, serpientes o chimpancés. Un buen amigo mío mantiene y cría buitres, porque se están convirtiendo en una especie en peligro de extinción. A través de los años, además de gatos, perros y un caballo, yo he tenido abejas, conejos, conejillos de indias, ranas, lagartijas, galápagos y una tortuga de tierra.

Sin importar qué clase de animal es su mascota, usted podrá establecer una conexión psíquica con ella. J. Allen Boone, autor de *Kinship with All Life*, pudo comunicarse con una mosca mascota.[1]

Todos los animales parecen tener un sentido psíquico. En Japón, los peces de colores son usados como advertencia de terremotos y avalanchas. Sus frenéticos movimientos a través del agua advierten a las personas del inminente peligro. Los animales en zoológicos también anuncian frecuentemente el peligro.

Los gansos sagrados del monte Capitolino en Roma fueron un buen ejemplo de esto. Según Plutarco, en el año 390 a. de C., los gansos empezaron a cacarear alteradamente para advertir que los galos estaban a punto de atacar.

En 1944, un pato en Freiberg, Alemania, comenzó a parpar incesantemente poco antes de un ataque aéreo de los aliados. Las sirenas no se habían disparado, pero muchos de los habitantes hicieron caso a la advertencia del pato y corrieron a los refugios antiaéreos. Todos sobrevivieron al ataque, y después de la guerra erigieron una estatua en honor del pato que les había salvado la vida.[2]

Avanzada la tarde del 17 de agosto de 1959, miles de aves que habían establecido su hogar en el lago Hegben, en Montana, emprendieron el vuelo. Varias horas después, la región fue sacudida por terremotos de gran magnitud, y la presa Hegben se rompió, liberando un gran diluvio. Muchas personas fallecieron, pero los guardabosques no encontraron animales muertos. Al igual que las aves, ellos habían abandonado el área muchas horas antes.[3]

Pierre Duval y Evelyn Montredon son seudónimos de dos biólogos de Francia que hicieron pruebas de precognición en ratones. Los dos científicos fueron incapaces de publicar sus descubrimientos usando sus propios nombres en ese tiempo. Ahora se sabe que sus verdaderos nombres eran J. Meyer y R. Chauvin.

Un ratón fue colocado en una caja dividida en dos partes por una barrera que el animal podía saltar. Una descarga eléctrica que duraba cinco segundos era activada una vez por minuto a uno de los lados de la caja. El lado que recibía la descarga era determinado por un generador aleatorio. Esto eliminaba la posibilidad de que el ratón estuviera leyendo los pensamientos de los científicos que realizaban el experimento. El objetivo de las pruebas era ver si el ratón podía predecir en cuál lado de la caja ocurriría la descarga, y así saltar al otro lado.

Los resultados fueron asombrosos. Los científicos ignoraron todas las veces en que el ratón simplemente permanecía donde estaba o saltaba la barrera después de recibir una descarga. Sin embargo, en todas las ocasiones en que el animal saltó la barrera antes de que ocurriera una descarga, supera el nivel de la probabilidad por ventaja de mil a uno.[4]

Resultados similares también fueron obtenidos en pruebas realizadas en el Institute for Parapsychology de Durham, Carolina del Norte, en 1971. Estos investigadores desarrollaron muchas más pruebas que las hechas por los franceses, y experimentaron con ratones y otros roedores.[5]

John Randall investigó la precognición en ratones, ratas y pequeños roedores, y llegó a la conclusión que su capacidad para predecir el futuro había "sido establecida más allá de toda duda razonable".[6]

Uno de los casos que fascinó al doctor J.B. Rhine involucraba a un niño llamado Hugh Perkins, de West Virginia, y a su paloma. Esta ave tenía una tira de identificación alrededor de una pata cuando llegó al patio trasero de Hugh. No mostró señales de querer irse, y Hugh empezó a alimentarla. Durante los siguientes doce meses se desarrolló un profundo y estrecho vínculo entre la paloma y el niño.

Cuando Hugh repentinamente se enfermó, fue llevado de urgencias a un hospital ubicado a 120 millas de casa, donde debía ser operado. La noche siguiente, se escuchó un suave golpeteo en la ventana de la habitación de Hugh. El niño podía ver una paloma postrada sobre el reborde de la ventana, pero no se encontraba bien para levantarse de la cama y dejarla entrar. El ave tuvo que permanecer en el reborde toda la noche bajo la nieve de invierno, hasta que una enfermera abrió la ventana por la mañana.

El doctor Rhine quedó perplejo al tratar de explicar cómo esta paloma se las había arreglado para volar 125 millas sobre una cadena montañosa y luego llegar a la habitación exacta donde su joven amigo yacía enfermo.[7]

Los científicos han probado las habilidades psíquicas de los peces. El doctor Robert Morris, un investigador sobre el comportamiento de animales, colocó tres peces de colores en un acuario e hizo que un asistente observara cuál pez parecía ser el más agitado. Luego el Morris tomó uno de ellos con una red. El pez que sacaba era una elección al azar, pero la mayor parte del tiempo era el mismo que el asistente había señalado como el más agitado. Parece que se angustiaba al saber que pronto sería atrapado.[8]

SU MASCOTA PSÍQUICA

Experimente con su mascota enviándole pensamientos telepáticos. Dígale cuánto significa para usted. Exprésele su aprecio y amor. Después de hacerle saber todo lo que deseaba decirle, siéntese y vea lo que llega a su mente. Puede encontrar que su mascota le envía pensamientos similares. Podría recibir un mensaje o un reconfortante sentimiento de amor correspondido.

Si lo hace regularmente, encontrará que la relación con su mascota será cada vez más cercana. Podrá intercambiar pensamientos que mejorarán su relación de muchas formas.

Esto puede sonar ridículo hasta que lo intente. Una vez tuve una rana como mascota, y estaba seguro que me veía sólo como una fuente de suministro de moscas para comer. Sin embargo, cada vez que me comunicaba con ella, llegaba y se sentaba a mi derecha. Permanecía inmóvil hasta que nuestra conversación telepática terminaba, y luego saltaba de regreso al estanque. Después de hacer esto durante unos días, noté que parecía estar esperándome, y tan pronto como me sentaba junto al estanque se unía a mí. Obviamente, esperaba ansiosa nuestra conversación tanto como yo.

Con la práctica, no hay límite en cuanto hasta dónde puede usted llegar. Sea paciente y no trate de avanzar rápidamente. Tome su tiempo, y disfrute el vínculo que desarrollará cuando los dos establezcan conversaciones psíquicas.

Yen efecto, pregunta ahora a las bestias, y ellas te enseñarán;
a las aves de los cielos, y ellas te lo mostrarán;
o habla a la tierra, y ella te enseñará;
los peces del mar te lo declararán también.
¿Qué cosa de todas estas no entiende
que la mano de Jehová la hizo?
En su mano está el alma de todo viviente,
y el hálito de todo el género humano.
—*El libro de Job, 12:7–10*

6

Comunicación con su mascota

Aún recuerdo el desconcierto de mi madre cuando descubrió a un extraño observándola mientras ella hablaba con el gato de un vecino. Ella nunca debió haberse sentido avergonzada. Todos deberíamos hablar con nuestras mascotas el mayor tiempo posible. Esto no significa simplemente decir "lindo minino". Debe hablarle a sus mascotas de la misma forma que lo haría con otra persona. Dígales lo que está haciendo y por qué, además de sus esperanzas y sueños. Hábleles de la política, religión y cualquier cosa que pase en su vida. Lo mínimo que puede suceder es que establecerá una relación más cercana con su mascota, y también estará más feliz, saludable y estable emocionalmente.

Háblele a sus mascotas como lo haría con cualquier otro amigo cercano. También debe estar listo para recibir lo que le contestarán. Si no ha hecho esto antes, se asombrará de lo mucho que sus mascotas saben y entienden.

Por razones obvias, la visión de la realidad de su mascota es totalmente diferente a la suya. Por consiguiente, debe poner mucha atención a los métodos de comunicación del animal, antes de intentar transmitir y recibir mensajes que los dos entenderán.

Puede estar seguro de que su mascota es una experta en leer y entender sus métodos de comunicación. Algunas personas tienen un talento más avanzado en la comunicación interespecies, pero ésta es una habilidad que cualquiera puede desarrollar. Después de todo, la mayoría de dueños de mascotas sabe cuándo sus animales se sienten mal, felices, asustados o aburridos.

Los expertos en lenguaje corporal nos dicen que entre el 75 y 90 por ciento de toda la comunicación humana, es hecha de manera no verbal y bajo nuestros niveles conscientes.[1] Por consiguiente, no deberíamos sorprendernos de que alguien descubra que puede comunicarse efectivamente con sus mascotas usando el lenguaje del corazón.

El factor más importante en la comunicación con las mascotas es el amor. Con fuertes lazos amorosos mutuos, el éxito está garantizado. Además, sin importar cuántos errores cometa a lo largo del camino, su mascota lo perdonará y mantendrá el deseo de que su vínculo sea siempre más estrecho.

San Francisco de Asís solía conversar con animales. Longfellow escribió que Hiawatha aprendía "de cada bestia su lenguaje". Usted puede hacer exactamente lo mismo.

Su mascota quizás entiende muchas palabras. Obviamente, sabrá su propio nombre. También comprende palabras que se relacionan con sus necesidades, tales como "camina", "la comida", y "hora de acostarse". Sin embargo, su mascota sabe mucho más que esto.

En la década de 1850, en las tierras altas de Nueva Zelanda, ocurrió un robo masivo de ovejas. Nadie sabía cómo ocurrió, y tomó más de dos años encontrar al ladrón, un escocés llamado James Mckenzie, solitario individuo que disfrutaba explorar las tierras de esta remota parte del mundo. Un día, descubrió un valle secreto que estaba escondido, el cual contenía abundante hierba y estaba bien abajo del límite de las nieves perpetuas. El valle era lo suficientemente grande para ocultar mil ovejas. Esto le dio una idea a Mckenzie. Si podía robar ovejas de las llanuras de Canterbury, esconderlas en el valle por un tiempo, y luego venderlas en los mercados de Otago, podría hacer una fortuna. Por suerte para él, tenía una perra ovejera muy inteligente que hacía el robo posible.

Mckenzie visitaba con su perra estaciones de ovejas y charlaba con el pastor. Mientras estaban ahí, Mckenzie hablaba con su perra en gaélico, diciéndole que regresara al lugar esa noche y guiara el rebaño completo a través de un paso secreto hasta el valle oculto. Mckenzie y su mascota habían practicado esto muchas veces con sus propias ovejas, y la perra no tenía dificultad para hacerlo en la noche con cualquier rebaño que su amo le indicara. Naturalmente, Mckenzie se convirtió en sospechoso. Sin embargo, parecía imposible involucrarlo a él, ya que estaba cerca a la escena cuando los robos eran descubiertos, y siempre se unía a los grupos de búsqueda.

Al final, Mckenzie fue descubierto y sentenciado a cinco años de prisión. Afligido, apeló al juez para que su mascota fuera encarcelada con él, pero esta petición fue rechazada. Muchas personas trataron de usar el animal como perra ovejera, pero sin éxito alguno. Sin embargo, sus cachorros fueron muy solicitados después. A pesar de la ortografía diferente, James Mckenzie dio su nombre al Mackenzie Country de Nueva Zelanda, donde él y su perra son aún muy recordados.[2]

Es claro que James Mckenzie tenía un vínculo fuerte con su perra ovejera, que podía entender las instrucciones que él le daba y llevaba a cabo varias horas después por sí sola.

Hace muchos años, a un loro del Institut de Psychologie Zoologique de París, le enseñaron a decir la palabra "armario", porque ahí era donde se guardaba su alimento. La persona que lo alimentaba tenía que subir una escalera para alcanzar la comida, y el loro se había aprendido las palabras "escalera" y "subir". Un día, como prueba, el alimento del loro fue puesto sobre un estante alto y la escalera fue quitada. Cuando la persona llegó a alimentarlo de forma normal, el animal gritó "armario". El hombre se dirigió al armario, que contenía mijo, y le dio esto al loro. El ave lo rechazó y furiosa siguió picoteando la jaula. Gritó "¡armario!" todo el día. La segunda mañana, el loro empezó a enojarse de nuevo, pero hizo una pausa para pensar. Cuando gritó "escalera, subir, armario", se le dio su alimento acostumbrado. Este loro no sólo entendió lo que significaban estas palabras, también pudo pensarlas y organizarlas de forma correcta para obtener lo que quería.[3]

El loro fue instruido a entender y comunicarse usando palabras humanas. Sin embargo, si la persona que estaba alimentándolo hubiera estado preparada para escuchar, el ave habría transmitido el mensaje telepáticamente.

Cada vez que usted dice o piensa algo, está creando una imagen de ello en su mente. Si tiene un vínculo cercano con su mascota, ella podrá leer esos mensajes y responderlos. Por esta razón, con frecuencia sabe exactamente lo que usted va a hacer a la par con sus pensamientos.

Nosotros tenemos un conejo llamado Tibbar ("rabbit" escrito al contrario). Los conejos son muy territoriales, por eso Tibbar ocasionalmente muerde a las personas cuando meten los dedos en su jaula. Los únicos miembros de la familia que no hemos sido mordidos somos mi nieta de cuatro años, Eden, y yo.

Tibbar y yo tenemos una relación muy cercana. Durante muchos años realicé un acto de magia, y con mi mascota hicimos cientos de espectáculos juntos. El conejo se sentaba en una jaula puesta sobre el asiento a mi lado cuando conducía hacia y desde estos shows. Un día, Tibbar me dijo que prefería sentarse en el asiento, en lugar de permanecer en la jaula. Naturalmente, no expresó las palabras, pero la idea repentinamente llegó a mi mente. Tuve un poco de duda acerca de esto, pues no quería al conejo moviéndose en el carro y posiblemente distrayéndome mientras conducía. No había terminado de pensar en esto cuando Tibbar me informó que se quedaría tranquilo y quieto al sentarse. Detuve el carro, lo saqué de la jaula y lo coloqué en el asiento. Conduje las millas que faltaban para llegar a casa con Tibbar postrado cómodamente sobre el asiento, dando la apariencia de disfrutar el viaje. El conejo disfruta los espectáculos de magia, pero prefiere pasear en el auto. Nunca me ha defraudado en varios años desde que me expresó su interés de sentarse junto a mí en el auto. A veces se mueve en el asiento, pero nunca se ha salido de él mientras yo conduzco.

Eden ha conocido a Tibbar toda su vida. Con frecuencia lo entra a su cuarto y juega con él, lo trata como un amigo y le habla constantemente. El conejo crece con esta atención y parece disfrutar que lo vistan con ropa de muñeca y lo paseen en un coche cuna. Sin embargo, tan pronto como Eden decide que debe salir de nuevo, él se esconde debajo de la cama y no se deja coger. Hace esto justo cuando el pensamiento surge en la mente de la niña. No hay necesidad de que ella diga las palabras en voz alta.

Tibbar puede entender y responder lo que Eden y yo estamos pensando. Estoy seguro de que también puede leer la mente de todos los demás en la casa, pero debido a que ellos a veces lo consideran más un estorbo que una mascota, él no les responde de la misma forma que lo hace con mi nieta y yo. Por consiguiente, se siente libre de morderlos cuando meten los dedos en su jaula. La comunicación efectiva entre especies requiere amor y respeto mutuo.

LENGUAJE CORPORAL

Observar el lenguaje corporal de su mascota es una parte importante de la comunicación. Por ejemplo, usted no necesita leer la mente para sentir la tensión cuando dos perros se encuentran por primera vez. Sus colas y orejas se levantan. Caminan rígidamente y paran la cabeza un momento antes de permitir el examen del área de la ingle. También puede fácilmente sentir el momento en que la tensión desaparece. Después de esto, ellos podrían juguetear un rato, ya que los perros aman la compañía de sus similares.

Algunas veces la situación no es exactamente como ésta, y los perros pueden empezar a pelear. Esto puede ser inquietante para los humanos que no entienden lo que sucede. Los perros luchan por supremacía y usualmente ninguno es herido. La pelea termina tan pronto como los dos se dan cuenta cuál es el vencedor. En este momento, el que ha perdido da una vuelta y expone su garganta y estómago al ganador. El perro que vence se para sobre el perdedor, muestra sus colmillos y gruñe un rato. Los dos olvidan la pelea totalmente, pero siempre recuerdan cuál es más fuerte y poderoso.

El meneo de la cola de un perro es un buen ejemplo de lenguaje corporal en acción. Una cola meneándose es equivalente a la sonrisa o risa. Nosotros no tenemos una cola que mover, pero podemos sonreír y el perro reconocerá la expresión. Él está respondiendo a nuestro lenguaje corporal de la misma forma que observamos y actuamos sobre el lenguaje del animal. La cola de un perro también se mete entre sus patas cuando está triste o en desgracia.

Apostadores experimentados observan la cola de los caballos antes de una carrera. Cuando está arqueada, de tal forma que se pueda ver una curvatura entre la base de la cola y las ancas del caballo, el animal está contento y correrá bien.[4] Sin embargo, es una señal negativa si la cola está arqueada y balanceándose de un lado a otro. Esto significa que el caballo está molesto por algo y no es probable que tenga entusiasmo para la carrera.

Los niños pequeños aprenden que cuando la cola de un gato chasquea, es una señal de rabia. La cola del gato es muy reveladora; se mueve nerviosamente cuando el animal está acechando una presa, y se eleva cuando dice hola a un amigo.

Aunque los animales no se hablan entre sí como los humanos, usan una efectiva combinación de lenguaje corporal, sonido e imágenes mentales, o comunicación mente a mente.

Además de poner atención al lenguaje corporal de su mascota, debe ser consciente del suyo. No es probable que tenga buenos resultados si se inclina sobre el animal de una forma que podría ser interpretada como amenazante, o si sus manos están cruzadas. Esta última es una posición de protección que frecuentemente bloquea la comunicación telepática.

EVITAR EL ESTRÉS

Usted y su mascota deberán estar libres de estrés cuando intenten cualquier forma de comunicación psíquica. En todos los experimentos científicos relacionados con el poder psíquico y los animales, fue descubierto que éstos lograron sus mejores resultados en un ambiente de bajo estrés. Esto no es sorprendente, ya que las personas también se desempeñan mejor cuando están relajadas e interesadas en lo que sucede. Si un experimento es realizado repetidamente, todos se cansarán y aburrirán, incluyendo su mascota, y la frecuencia de éxito disminuirá. Los mejores resultados se dan cuando se detiene la acción y aún existe interés para continuar posteriormente.

COMUNICACIÓN MENTE A MENTE

Hace unos días visitamos a unos amigos que tienen dos collies. Los perros estaban durmiendo junto a nuestros pies mientras hablábamos, cuando repentinamente uno de ellos levantó su cabeza y miró al otro. El otro parecía dormir y de inmediato abrió sus ojos. Un mensaje silencioso fue intercambiado, porque los dos se pararon y empezaron a jugar sobre el césped. Nosotros no oímos nada, ya que no intercambiaron sonidos. Sin embargo, el primer perro pudo decirle al otro que era hora de jugar. Esto fue hecho telepáticamente transmitiendo el pensamiento del juego.

Hace años tuvimos una gata llamada Killy. A medida que envejecía, pasaba cada vez más tiempo durmiendo en diferentes sitios ocultos que encontraba. Podíamos revisar la casa y el jardín, o llamarla, y ella no respondía. Sin embargo, si pensábamos en alimentarla, inmediatamente aparecía. Killy leía nuestras mentes.

La gata y Bruce, nuestro labrador, jugaban juntos cada vez que Killy estaba dispuesta. A Bruce le habría gustado jugar todos los días, pero Killy no permitía esto. Cuando ella sentía que quería hacerlo, se sentaba junto al perro y lo miraba. Bruce se sentía emocionado y los dos jugaban cerca de media hora. Una vez que Killy había tenido suficiente, se acostaba. El juego siempre terminaba muy pronto para Bruce, pero aprendió que era inútil tratar de motivar a la gata para que continuara. Ladrar y empujarla con su nariz no era bueno. Ella nunca siseaba ni lo arañaba, pero salía de la habitación y se dirigía a uno de sus lugares ocultos. Por consiguiente, cuando Killy anunciaba que el juego había acabado, Bruce se sentaba junto a ella a dormir. La gata le decía telepáticamente al perro que era tiempo de jugar y además le indicaba cuándo terminaba el juego. Estoy seguro de que Bruce también le enviaba mensajes telepáticos a Killy rogándole que jugaran otra vez.

Como todos los perros, Bruce disfrutaba dar amor y simpatía a cualquiera que lo necesitara en la familia. Otros humanos pueden brindar simpatía y comprensión; pero a veces, cuando las cosas salen mal, necesitamos de una mascota para obtener el amor incondicional que anhelamos.

Observe su mascota uno o dos días, y vea cuántas experiencias de comunicación mente a mente ocurren entre usted y el animal. Probablemente se asombrará de lo comunes que son.

COMUNICACIÓN CON SU MASCOTA

Primero que todo debe llamar la atención de su mascota. El animal puede leer sus pensamientos cada vez que quiera, pero la mayoría de ellos no son de interés para alguien más, incluyendo las mascotas. Podría estar pensando en pedirle aumento de sueldo a su jefe, o en comprar o no un determinado artículo en venta. Estos pensamientos son importantes para usted, pero no interesan a su mascota. Por consiguiente, el animal pondrá atención sólo si algo que usted piensa se relaciona con él y por casualidad lo capta.

Puede comunicarse con su mascota verbalmente o pensando en lo que desea. La mayoría de personas encuentra más fácil hablar en voz alta a sus mascotas, pues es lo que se acostumbra a hacer. Pídale a su mascota que ponga atención y escuche lo que va a decirle. Usted puede saber si está poniendo atención, así no lo esté mirando. Podría acariciar al animal antes de hablarle, para asegurar que tiene su atención.

Hable en términos de lo que desea que haga su mascota, en lugar de lo que debería evitar. Por ejemplo, si su perro abre huecos en el jardín, no debería decirle "no hagas eso", sino hablarle acerca de lo que quiere. Podría decir algo como: "he trabajado duro para hacer que ese jardín luzca lo más hermoso posible. Quiero que se vea bien para cuando llegue visita y porque me agrada hacerlo. Sé que la tierra del jardín es blanda y buena para excavar, pero te agradecería si abres los huecos en otra parte. ¿Podrías colaborarme haciendo eso?".

No hay nada difícil respecto a esto. Todo lo que hará es hablarle a su mascota para decirle lo que quiere. No hay necesidad de hablar en voz baja al animal o en un tono agudo. Su mascota responderá mejor si hace su petición con un lenguaje normal y cotidiano. El animal es muy inteligente y entenderá. Si piensa que los animales son "torpes", tal vez deba cambiar la forma en que ve a su mascota.

En el libro *Kinship with All Life*, J. Allen Boone habla de establecer un "puente mental" de dos sentidos entre la persona y la mascota. Este puente invisible permite que los pensamientos fluyan del humano al animal y viceversa. Sin embargo, es importante que el puente sea mantenido horizontal. Si el extremo humano se levanta, significa que la persona está hablando hacia abajo a su mascota, y eso implica el fin de la comunicación telepática.[5]

La mascota puede no querer escuchar sus peticiones, especialmente si está sugiriendo que deje de hacer algo que disfruta. Este es el caso si el animal se aleja mientras usted le habla.

Si su mascota está renuente a escuchar una solicitud específica, debe decirla otra vez haciendo un contacto visual. Tome la cabeza del animal y mire fijamente a sus ojos. Explíquele la seriedad de su petición y por qué la hace. Repita su solicitud y luego pídale una respuesta a su mascota. Tal vez ésta necesite de varios segundos para pensar en lo que se le ha dicho. La respuesta podría surgir formada en su mente, o quizás sea un amigable lamido sobre su cara o mano. Tenga la seguridad de que cuando su mascota haya dado una respuesta positiva, se aferrará a ella.

A menos que usted reciba una respuesta positiva, su mascota puede decidir ignorar su solicitud. Los humanos solemos adoptar la misma postura cuando se nos pide que hagamos algo que no queremos. En lugar de discutir, decidimos pasar por alto la petición.

Podría darle un premio a su mascota cuando acceda a sus peticiones. No tiene por qué ser comida. Usualmente recompensábamos a Bruce llevándolo a dar un paseo extralargo. Él siempre sabía que era un premio, y rara vez trataba de hacer que lo llevara al paseo largo a menos que hubiera sido ganado.

Recuerde responder con elogios cuando su mascota haya hecho algo bien. Es fácil hacerlo, pero tendemos a olvidarlo luego de uno o dos días. Es bueno continuar agradeciéndole al animal por su nuevo comportamiento todo el tiempo posible.

Los animales que realizan determinados trabajos, desarrollan la capacidad para leer la mente de los humanos. Recuerdo hablar con una jineta campeona después que su caballo murió. Ella comentó que el animal constantemente leía su mente. Sólo tenía que imaginar que los dos superaban un salto difícil y caían bien al otro lado, y su caballo lo hacía de este modo. Esto es común en jinetes que tienen un fuerte vínculo con el caballo.

Las personas ciegas hacen comentarios similares, ya que también tienen una conexión intuitiva y fuerte con su perro guía. Sheila Hocken, en Inglaterra, tuvo una operación que le devolvió la vista. Escribió una maravillosa autobiografía que habla de la dependencia que tenía de su perra guía. El libro, *Emma and I*, se convirtió en un best-seller. Sheila finalmente escribió una serie de libros sobre su vida con Emma. Tristemente, la perra desarrolló cataratas y quedó ciega. Con los papeles invertidos, Sheila se dedicó a las necesidades de Emma, retribuyéndole todos los años de amor y servicio que le había dado.

En *Emma and I*, Sheila cuenta que necesitó hacer una llamada telefónica poco después de mudarse a un apartamento. Emma la guió a través de la calle hasta un teléfono público. Cuando estaban ahí, Sheila descubrió que el aparato había sido presa de los vándalos y el auricular arrancado. Le comentó esto a Emma, y preguntó "¿qué vamos a hacer?".

Ninguna de las dos estaba familiarizada con el sector donde se encontraban, y Sheila le pidió a Emma que la llevara a lo largo de la calle con la esperanza de poder encontrar a alguien que pudiera decirles dónde había otro teléfono público. En lugar de eso, Emma la hizo atravesar de nuevo la vía hasta llevarla a una calle lateral que se sentía quebrada y deforme. Después, Sheila descubrió que en el área se estaba haciendo un trabajo de construcción. Trató de conseguir que Emma se detuviera y regresaran a casa, pero la perra continuó por otra calle y luego se sentó. Sheila tocó con su mano y encontró que Emma la había llevado a otro teléfono público.[6]

Emma usó su iniciativa para localizar otro teléfono y llevar a su ama ahí. No podemos decir que la perra halló el segundo teléfono por instinto. Obviamente, pensó en el asunto antes de llevar a su dueña a una caminata que tuvo una conclusión exitosa. Los perros guía hacen cosas semejantes diariamente en todo el mundo.

En el libro *Dog Psychology*, Tim Austin explica que muchas cosas pueden bloquear la comunicación efectiva entre las personas y sus perros y viceversa. Algunos ejemplos incluyen el mal genio y las horas no apropiadas para la comunicación. Él insiste también en que éste debe ser un proceso en dos sentidos, en el que el perro y el humano estén activamente involucrados.[7]

ESCUCHE LO QUE SU MASCOTA TIENE QUE DECIR

"Usted nunca escucha" es una queja común que las personas hacen de los demás. Debe asegurarse de que su mascota no tenga razón para pensar que usted no escucha lo que desea expresar.

La parte más importante de oír lo que su mascota quiere decir es permanecer receptivo. Cada vez que esté acariciando o abrazando a su mascota, piense en el amor que comparten y esté alerta a los pensamientos que surjan en su mente. Éstos pueden aparecer como imágenes claras o ideas. La respuesta podría ser una sensación en su corazón, en lugar de una imagen mental. A veces puede no darse cuenta de que la respuesta proviene de su mascota, mientras en otras ocasiones el pensamiento podría no haber venido de ninguna otra fuente. Permanezca imparcial y receptivo cuando los pensamientos lleguen. Si reacciona emocionalmente, el animal parará la comunicación.

Una amiga de la familia es una conocida criadora de gatos. El lazo intuitivo que tiene con sus mascotas es extraordinario, a pesar de nunca recibir pensamientos o imágenes. Sin embargo, ella se sintoniza increíblemente con los sentimientos de sus gatos y les responde a ellos de inmediato. Un antiguo vecino nuestro recibe imágenes en su mente, pero rara vez capta pensamientos o sentimientos. Todas las personas son diferentes. No importa la forma de comunicación que se presente, siempre que usted y su mascota puedan entenderse y comunicarse.

Hace muchos años tuve dos gatas, Inka y Mika. Sus tazones de comida eran colocados lado a lado en la cocina, y ellas lucían cómicas mientras competían para ver quién terminaba primero.

Una noche, después de poner los tazones en el suelo, me fui a la sala a ver las noticias. Diez minutos después, Inka, una birmana, saltó sobre mis piernas y me miró fijamente. En ese instante recibí el pensamiento de que ella tenía hambre. Esto parecía improbable, ya que había colocado su comida en el piso minutos antes. Regresé a la cocina, seguido de cerca por Inka, quien maullaba y se frotaba contra mis piernas. Ambos tazones estaban vacíos y Mika no se veía por ningún lado. Muy renuentemente, puse más alimento en el recipiente de Inka y ella lo devoró como si nunca antes hubiera visto comida.

La noche siguiente, las alimenté como era usual. Luego me dirigí a la sala, como si fuera a ver televisión. Pero en lugar de eso, me quedé donde podía secretamente observar las dos gatas. Cada vez que Inka trataba de comer de su tazón, Mika la empujaba. Inka no siseaba ni gruñía, era la más pasiva de las dos gatas, y sumisamente se sentaba a observar a Mika consumir su propia comida para luego seguir con la de su compañera.

Mika era muy lista para no hacer esto cuando nosotros estábamos en la cocina; pero al no haber personas alrededor, glotonamente se comía el alimento de los dos tazones. Si Inka no hubiera puesto el pensamiento de hambre en mi mente, podría haber pasado mucho tiempo antes de que descubriéramos lo que ocurría.

En ocasiones el mensaje no es recibido claramente, o tal vez no llega. Sea paciente. Su mascota no opera de la misma forma que usted. Disfrute de su compañía, rodéela con sus sentimientos amorosos y sea receptivo a cualquier cosa que surja. Podría encontrar útil cerrar los ojos mientras acaricia al animal. Cuando se suprime uno de los sentidos, los otros tienden a agudizarse, y conozco muchas personas que haciendo esto lograron por primera vez una comunicación exitosa.

Sea consciente de que los pensamientos son fugaces, vienen y se van en un instante. No evalúe algo que surja antes de tiempo. Si se detiene para analizar algo, corre el riesgo de perder mucho de lo que su mascota desea decir.

Tenga en cuenta que su mascota es un ser inteligente. Muchas personas hablan de "animales torpes" despectivamente, sólo porque no pueden comunicarse con palabras. Incluso algunos se refieren a sus animales como estúpidos y brutos. Es improbable que estos individuos alguna vez reciban mensajes telepáticos de sus mascotas. Sin embargo, incluso ellos pueden experimentar buenos resultados si cambian de actitud. Nuestras mascotas son mucho más inteligentes de lo que creemos, y actuarán con torpeza si eso es lo que esperamos de ellas. Si usted las trata como seres inteligentes, recibirá respuestas inteligentes.

Usted puede hacerle preguntas a su mascota. Yo pregunto a las nuestras, "¿hay algo que quieras decirme?". A veces no recibo respuesta alguna. En otras ocasiones puedo recibir un brusco "no". De vez en cuando hago la pregunta en el momento apropiado y recibo una respuesta detallada.

Nuestro gato siamés, Ting, disfrutaba responder preguntas. Yo comenzaba preguntándole cómo estaba, y Ting respondía. Por lo general recibía una respuesta positiva a esta pregunta, pero a veces respondía con una queja. Podía estar diciendo que no le gustaba la marca de la comida o que su cesto estaba en un sitio frío. Yo disfrutaba sus quejas, por que podíamos hacer los cambios necesarios en favor de su felicidad. Ting era un típico gato siamés elocuente, y sus respuestas a mis preguntas surgían como una mezcla de sonidos, lenguaje corporal e imágenes. Si le preguntaba lo que pensaba del gato de la casa contigua, usualmente recibía un gruñido como respuesta. No necesitaba ninguna imagen para entender lo que el animal deseaba responder. Si estaba cansado y le preguntaba cómo se sentía, bostezaba y se acostaba, rehusándose a responder más preguntas.

Rara vez recibía pensamientos de Ting sin hacerle preguntas. Creo que el gato disfrutaba nuestras largas conversaciones, que habrían parecido extrañas para cualquiera que no supiera lo que sucedía.

Una vez que usted experimente un nivel de éxito con sus mascotas, debería intentarlo con los animales de otras personas. Hay quienes encuentran más fácil comunicarse con las mascotas de sus amigos que con las propias. Aproveche cada oportunidad que tenga para practicar. Experimente con una variedad de animales. Como en todas las cosas, entre más practique, más rápido progresará.

Es divertido practicar con las mascotas de otras personas, y usted puede aprender mucho en el proceso. Ya salgo a pasear casi todas las noches, y disfruto una corta conversación telepática con un gato atigrado que vive a unos cientos de metros calle arriba. No tengo idea de quién es su dueño, pero ambos nos sentimos bien con las breves charlas que tenemos. Lo extraño en las pocas ocasiones que no está esperándome.

Linda Thorssen, una amiga mía, es comunicadora de animales profesional. Ella tiene varias sugerencias para las personas que desean comunicarse mejor con sus mascotas.

1. Su actitud es muy importante. Debe amar y respetar los animales, además de considerarlos iguales a usted. De ninguna forma son inferiores a nosotros. Los pensamientos de ese tipo destruyen totalmente el potencial de comunicación.

2. Si su mascota está en la habitación con usted, comience con un juego o abrazo. Una actividad divertida de esta clase es beneficiosa por sí sola, pero también hace más fácil la comunicación. Si su mascota no está presente, visualícela en su mente y diga el nombre de ella telepáticamente. Esto atraerá la atención del animal.

3. En medio del juego, o abrazo, piense en algo específico que se relacione con usted y su mascota. Usualmente, es suficiente un pensamiento acerca del amor que siente por ella. Aunque el juego, o abrazo, está aún en progreso, podrá saber por la mirada en la cara del animal, si está escuchando telepáticamente y recibiendo su pensamiento.

4. Continúe con lo que está haciendo y espere una respuesta. Escuche y confíe en lo que reciba. Su mascota podría no darle la respuesta que desea oír. Una vez que haya recibido una respuesta a su pensamiento, puede continuar con la conversación. Gradualmente, mérmele ritmo al juego hasta que estén sentados o acostados juntos. Si inició el ejercicio con un abrazo, siga haciéndolo hasta que termine la conversación.

Linda nunca vacila en pedirle a sus ángeles guardianes que la ayuden cada vez que tenga problemas de comunicación con un animal. "No necesito hacer esto con mis mascotas", explica ella. "Pero disfruto hablar con animales en todo sitio que estoy, y a veces necesito ayuda adicional".

Linda también necesita ayuda angelical cuando trata con animales que han sido maltratados. "Cuando la gente me trae sus animales, a menudo tiemblan, lloriquean o lucen intimidados. Hace poco una mujer me llevó una gata. Unos jóvenes habían estado atormentándola y torturándola. Al final la tiraron a un río para que se ahogara. El joven hijo de la mujer la había rescatado, recibiendo arañazos por su esfuerzo. A pesar del anuncio en los periódicos locales, no habían podido encontrar los dueños de la gata, que estaba mejorando físicamente pero no permitía que nadie la tocara. La mujer me la llevó porque pensó que yo podría ayudarla. La gata me siseó cuando llegaron, y se sentó en el suelo lo más lejos de mí que podía. Su respiración sonaba como si acabara de finalizar un maratón.

"Empecé sentándome en la habitación con ella durante varios minutos, teniendo pensamientos agradables acerca de lo mucho que amaba los gatos. Luego estiré una mano, pero ella inmediatamente retrocedió y siseó. Sus ojos proyectaban una extraña y salvaje mirada. Dije palabras tranquilizantes y se acercó a mi silla. Por supuesto, no esperé que llegara a mi mano. A veces pasan días antes que un animal maltratado deje que un humano lo toque. Sin embargo, vale la pena intentarlo".

"Durante varios minutos más le envié mensajes de aliento. La gata estaba fuera de mi campo visual, así que no tenía la seguridad de cómo respondía a ellos. Cuando el momento pareció apropiado, volteé y fui recibida por otro siseo y un feroz maullido".

Linda sonrió abiertamente. "Sabía que era el momento de llamar la artillería. Me incliné en mi silla, cerré los ojos y acudí a mi ángel guardián por ayuda. Realmente no lo veo, sólo sé cuándo está presente. Es una sensación de saber; no puedo explicar más que eso.[8]

"Cuando llegó le pedí ayuda. Inmediatamente sentí como si toda la habitación hubiera sido llenada con una luz blanca. Mantuve cerrados los ojos tal vez un minuto. Cuando los abrí, di la vuelta, y la gata estaba sentada en el piso a medio camino entre el rincón y mi silla".

"Le sonreí, observando que su respiración había retornado a la normalidad. Sus ojos ya no se veían extraños, y ella me miró por primera vez desde que nos encontramos. Telepáticamente le envié un mensaje de amor y esperé".

"Algo la estaba reteniendo. Empecé a decirle silenciosamente que no todos los humanos son malos, que de hecho la mayoría son buenos. La gata había sido maltratada, y yo sentía pena por lo sucedido. Si fuera posible averiguar quiénes lo hicieron, deberían ser castigados. Le dije que me desempeñaba como comunicadora de animales, y que mi misión en la vida era ayudar a proteger la fauna; nunca perjudicaría conscientemente a un ser vivo".

Ella parecía estar absorbida en lo que yo expresaba. Lo que necesitas es mucho amor, le dije. Estoy lista para hablar el tiempo que quieras. Estoy disponible para cuidarte y acariciarte cada vez que lo desees. Las personas que te trajeron a mí también se preocupan por ti, te han cuidado por más de una semana, y sin embargo no has dejado que te toquen. Ellos quieren amarte y protegerte. Tienes un hogar amoroso a donde ir, en el que serás cuidada y recibirás buen trato. ¿Te gustaría un hogar como ese?".

"Hice una pausa y esperé. La respuesta me llegó luego de un par de minutos. 'Ya no puedo confiar en las personas'. Te entiendo, le dije. Fuiste herida y atormentada. Por favor, créeme cuando digo que aquellos que te maltrataron son la excepción. Tuviste la mala suerte de toparte con ellos, y me sorprendería que tal experiencia sucediera otra vez".

"Ella apartó la mirada de mí y luego volteó de nuevo con una expresión diferente en sus ojos. 'No me harás daño'. No creo que fuera una pregunta, sino una declaración, y hubo un elemento de sorpresa en ella".

"Nunca te haré daño, le dije. Tampoco Mary y Jason. Si no hubiera sido por este joven, probablemente estarías muerta. Ellos dos, y el resto de la familia, te han estado cuidando desde entonces. ¿Habrían hecho eso si tenían la intención de herirte?".

"En ese momento la gata se paró, se estiró y luego husmeó mis piernas. Cuando sentí su cara frotándose sobre mi ropa, supe que todo estaría bien".

Fueron necesarias varias sesiones para que esta gata se recuperara totalmente. Aún le atemorizan los adolescentes, pero está relajada alrededor de otras personas, y ha resultado ser una maravillosa mascota para la familia que la adoptó. Linda les enseñó cómo comunicarse con la gata y la relación está mejorando cada vez más.

Linda tiene más sugerencias para lograr una comunicación efectiva:

5. Pídale ayuda a su ángel guardián en cualquier momento cuando esté tratando animales. Estoy seguro de que ellos son conscientes de su ángel, y esto hace que sea mucho más fácil establecer la comunicación.

6. Si el animal que está tratando ha sido herido o maltratado, rodéelo con una luz curativa. Usualmente yo uso una luz blanca, pero varias personas que conozco rodean a los animales con un arco iris de luz.

7. Pregúntele a su mascota qué le gustaría que usted hiciera para mejorar su vida. Escuche y actúe de acuerdo a las respuestas.

8. Envíe mensajes telepáticos a su mascota durante el día, sin importar dónde se encuentre o qué esté haciendo. La distancia no interfiere en la telepatía, y su mascota recibirá el mensaje incluso si los separa medio mundo.

9. Tenga en cuenta que la comunicación puede tomar lugar en diversas formas. Puede presentarse en pensamientos, sentimientos, emociones o un sentido de saber. Sea receptivo, sin importar qué forma de comunicación haya.

10. Practique, practique, practique. Como en otras cosas, toma tiempo adquirir la capacidad de captar los pensamientos de sus mascotas y otros animales. Practique cada vez que pueda, y hágalo con animales diferentes si es posible. Yo sugiero a mis estudiantes que pasen un día en el zoológico. No apruebo los circos y zoológicos, pero existen, y podemos ayudar a esos pobres animales estando preparados para escuchar sus historias.

11. Disfrute las experiencias. Comunicarse con los animales es lo más gratificante que he hecho y siempre estoy aprendiendo. Muchos de mis estudiantes se inquietan e incluso tienen temor cuando empiezan. Pero, una vez que se relajan y se divierten, es admirable su progreso.

Muchas personas se preguntan si realmente reciben pensamientos de sus mascotas, ya que el proceso es más simple y natural de lo que esperaban.

"Durante mucho tiempo pensé que simplemente estaba captando mis propios pensamientos y sentimientos", me dijo Rhonda Miles, una estudiante de Linda Thorssen. "Parecía demasiado fácil. No podía creer que hubiera pasado casi cuarenta años en esta tierra sin haber sido consciente de los pensamientos de mis mascotas. Sin embargo, una vez que abrí mi corazón y permití que sucediera, los pensamientos fluyeron. Noté una inmediata diferencia en mi relación con Oshi (su gato abisinio). Él empezó a pasar mucho más tiempo conmigo, y hablaba constantemente. Siempre había sido muy expresivo, pero ahora también se comunica conmigo telepáticamente".

Si usted toma su tiempo, y permite que suceda, estará encantado con los resultados.

De espantos, fantasmas y bestias de patas largas,
y de las cosas que acechan en la noche,
líbranos Señor!
—ORACIÓN ESCOCESA

7

Animales fantasmas

Los vínculos cercanos que las personas tienen con sus mascotas pueden incluso trascender la muerte. Muchas personas me han comentado sobre sus encuentros con sus mascotas meses y hasta años después de muertos.

Un ejemplo fue la experiencia de Rachel, una señora quien fue mi secretaria hace muchos años. Ella vivía sola y la mayor parte de su tiempo lo dedicaba a Mischka, su gata birmana. Cuando ésta murió, a los dieciocho años de edad, Rachel quedó destrozada hasta que Mischka la visitó una noche. La gata siempre había dormido con Rachel, y ella disfrutaba despertar a medianoche y sentir que Mischka se le arrimaba a su cuerpo.

Dos semanas después de su muerte, Mischka regresó. Rachel despertó en la noche y sintió la presión del cuerpo de la gata contra ella. Sorprendida dijo, "Mischka, ¿eres tú?". El animal respondió con un "brrrrt", que había sido su saludo favorito para Rachel a lo largo de su vida.

Rachel volvió a la cama pensando en lo que sentía y oía. Luego de varios minutos, extendió la mano para acariciar a Mischka, pero sin tocar nada. En principio pensó que sólo se trataba de un sueño muy vívido, pero ocurrió de nuevo la noche siguiente y todas las noches después. Rachel esperaba con ilusión sus charlas de medianoche con Mischka. Después de tres meses, la gata le dijo que consiguiera otra mascota. Tan pronto como Rachel llevó una gatita a casa, Mischka dejó de visitarla.

Winslow Scanlen tenía una pequeña granja en Australia durante los años de la depresión. Su perro Rover cuidaba la casa y protegía un pequeño rebaño de cabras manteniendo alejados a los dingos (perros salvajes australianos). Una de las tareas de Rover era llevar en manada las cabras hasta un cercado especial cada noche. Cuando llovía, las cabras regresaban solas, pero si el tiempo era bueno preferían jugar. Si los niños de la casa no podían meterlas en el cercado, Rover lo hacía.

Rover fue misteriosamente envenenado. Los niños lloraban por la pérdida e insistieron en que el perro fuera enterrado cerca de la casa. Sin un ayudante como Rover, la tarea de acorralar las cabras se tornó difícil.

En una ocasión tarde en la noche, Winslow tuvo que llevar las cabras al cercado. Éstas habían tenido un día agradable y no estaban dispuestas a dejar que él las encerrara por la noche. Winslow observó la tumba de Rover y se le ocurrió una idea. Si silbaba por el perro de la forma que solía hacerlo, las cabras podrían pensar que el animal venía por ellas y dejarían de jugar.

Para su asombro, tan pronto como silbó, apareció una forma espectral de Rover y acorraló las cabras, mientras Winslow miraba fijamente, estupefacto y desconcertado. El perro fantasma esperó hasta que Winslow cerró la cerca, y luego se deslizó de regreso a su tumba.[1]

Una historia famosa que involucra el espíritu de una persona, y no de un fantasma, proviene de la India. Cuando Sir Robert Grant, gobernador de Bombay, murió en 1838, la gente creía que su espíritu se había metido en uno de los muchos gatos de la familia. Nadie sabía cuál gato era, por consiguiente después de la puesta del Sol, los centinelas saludaban a cualquier gato que llegaba a la puerta principal.[2]

La palabra "fantasma" viene del término sajón *gaste*, que significa "espíritu". Es el alma de una persona o animal muerto, que temporalmente se hace visible a gente viva. Algunos lugares tienen fantasmas, lo cual significa que apariciones espectrales frecuentan el sitio. A menudo se oyen sonidos extraños, tales como pasos, crujidos, suspiros, golpes y chirridos. Una de las más famosas casas de fantasmas fue la infame Borley Rectory, quemada hasta los cimientos en 1939. Durante muchas décadas una gran variedad de apariciones espectrales fueron vistas ahí, incluyendo un coche fantasma arriado por caballos.

En el libro *Psychic Phenomena*, Dorothy y Robert Bradley relatan cómo su chihuahua ladró después de morir para hacerle saber a la familia dónde se encontraba. Fue justo antes de Navidad. Todos estaban ocupados decorando el árbol, y nadie notó que el pequeño perro había salido de la casa. Cuando descubrieron lo sucedido, la familia empezó a buscarlo, pero fue en vano. Dorothy continuó trabajando en el árbol. Los demás no tuvieron éxito en la búsqueda del perro, pero Dorothy no estaba preocupada, pues lo había oído dar una "serie de ladridos agudos" segundos antes que la familia regresara. El doctor Bradley pensó que el perro estaba muerto, y que daba una serie de ladridos agudos porque era su usual reacción hostil a algo desconocido. El perro había muerto congelado. Bradley había estado muy cerca del perro muerto veinte minutos antes, pero no lo vio en la oscuridad. Sin embargo, quince minutos después de eso, el fallecido chihuahua ladró para avisar a la familia dónde se encontraba.[3]

Mischka, Rover y el chihuahua eran mascotas amadas por la familia. Sin embargo, también hay casos de animales espectrales que existen para proteger un humano con el que no han tenido una previa asociación.

Un ejemplo famoso de esto es Gerigio, un perro fantasma que lealmente protegía a Don Bosco, un sacerdote de Turín, Italia, en la segunda mitad del siglo XIX. Don Bosco había dedicado su vida a convertir en buenos ciudadanos a los violentos e incontrolables pilluelos de Turín. Su trabajo originaba muchos enemigos, de los cuales algunos estaban preparados para matarlo y así evitar que llevara a cabo sus buenas obras.

Don Bosco tenía a Gerigio, un enorme perro lobuno que aparecía cada vez que era necesario y atacaba a quien trataba de hacerle daño al sacerdote. El perro una vez impidió que Don Bosco saliera de su hospital. Poco después, un amigo llegó para advertir al sacerdote de una amenaza de muerte.

Muchas personas trataron de explicar el misterio de este perro fantasma. Una de las más probables explicaciones es que Gerigio era el ángel guardián de Don Bosco, que tomaba la apariencia de un perro cuando era necesario, la forma en que mejor ayuda podía brindar.[4]

Otro ejemplo de un fantasma compañero está registrado en *Cat Manners and Mysteries*, de Nina Epton. Una dama inglesa sufrió sin consuelo cuando su gato siamés de cinco años fue envenenado y murió. Una semana después la mujer se dirigía a la escuela donde trabajaba. Cuando caminaba por un largo salón que tenía grandes puertas de vidrio cilindrado, podía ver su reflejo en ellas. A su lado iba su amado gato siamés con la cola levantada. No pudo ver nada cuando miró hacia abajo, pero sí observó su mascota claramente en las puertas de vidrio. El animal desapareció cuando ella llegó a las puertas. Este compañero espectral le dio una sensación de paz y consuelo, además de un cierto conocimiento de que podría ver su mascota de nuevo en la próxima vida.[5]

Los animales también pueden sentir presencias espectrales. Cuando tenía doce o trece años, visitamos un amigo de mi padre que manejaba un albergue para delincuentes juveniles. El lugar estaba vacío en ese tiempo, y nos alegramos de tener la enorme construcción para divertirnos. Jugamos al escondite con nuestro perro, Bruce. Era uno de sus juegos preferidos y el nuevo escenario lo hacía más divertido que lo usual. Avanzada la tarde, me estaba escondiendo en un guardarropa con mis hermanos, en una pequeña alcoba del segundo piso. Era una habitación que no habíamos visto antes. Oímos a Bruce correr a lo largo de un piso de madera del pasillo hasta la habitación. Luego aulló en forma extraña y horripilante. Miramos por unas rendijas en las puertas. Bruce estaba observando fijamente el rincón opuesto, con su pelo erizado. Gruñó varias veces y lentamente retrocedió para salir de la alcoba, olvidando por completo el juego. Tan pronto como llegó al pasillo, corrió apresurado hacia nuestros padres y se sentó lo más cerca posible a ellos, con la cola entre las patas.

Estábamos perplejos por lo que había sucedido. Salimos del guardarropa y examinamos el rincón de la habitación que había perturbado a Bruce. No pudimos ver ni sentir nada. Tratamos de seducir al perro para que se nos uniera a otro juego, pero no estaba interesado. Todo lo que quería era regresar al auto para marcharnos.

Mis padres estaban ocupados tomando té con su amigo, pero este extraño comportamiento no podía pasar inadvertido. Emocionadamente contamos lo que habíamos visto. El director del albergue juvenil estaba muy interesado, y la señora de la limpieza había comentado que tenía una sensación extraña cada vez que se encontraba en ese lugar. Parece que la anterior ama de llaves del albergue había muerto en esa habitación años atrás, y Bruce pudo sentir su presencia astral. El director prometió exorcizar la habitación, y quería que lleváramos a Bruce después para ver si el procedimiento había funcionado. El amigo de mi padre murió poco después y nunca regresamos a ese sitio.

Muchos niños tienen "amigos invisibles". Los padres atribuyen esto a la imaginación, y a veces ese es el caso. Hace poco tiempo, mi esposa y yo oímos de un niño de tres años que tenía un amigo imaginario que él llamaba tía Fay. No había una tía Fay en la familia, y los padres del niño pensaron que sólo se trataba de una amiga imaginaria. Un día, notaron el extraño comportamiento de su gato. Cada vez que la tía Fay llegaba de visita, el gato se agitaba y quería salir. Regresaba sólo cuando ella se había ido. Obviamente, el niño y el gato podían ver cosas que los demás ignoraban.

Un caso interesante donde el gato es el fantasma, fue registrado en las *reuniones* de la Society for Psychical Research. Gordon Jones había aceptado renuentemente tener un gato en la casa para eliminar el gran número de ratones que vivían ahí. La señora Jones no quería gatos y no prestó atención a la nueva adición en la familia. Un día, uno de los criados le dijo que el gato estaba rabioso y le preguntó si podía sacrificarlo. La señora Jones estuvo de acuerdo y el criado ahogó el gato en una olla.

Esa noche, la señora Jones estaba leyendo en el comedor cuando algo la hizo mirar hacia la puerta. Ésta se abrió lentamente y entró el gato que había sido muerto en la mañana. Parecía estar totalmente empapado. La señora Jones escribió: "su mirada no era la misma, porque me veía con ojos humanos, tan tristes que me sentí acongojada; esta mirada permaneció mucho tiempo impresa en mi memoria como una obsesión". La señora llamó a la criada y le pidió que se llevara al gato, pero la mujer no pudo ver nada, y mientras la Sra. Jones observaba "el gato empezó a hacerse transparente y lentamente desapareció".[6]

La famosa médium británica Gladys Osborne Leonard, fue regularmente visitada por su gato, Mickey, después que él murió. Una noche, semanas después de la muerte, el señor y la señora Leonard estaban leyendo en la sala, con Ching, su perra pequinesa, durmiendo en el piso. La Sra. Leonard levantó la mirada y vio el cuerpo astral de Mickey sentado sobre un anaquel debajo de una mesa. Estaba a punto de llamar la atención de su esposo hacia esto, cuando Ching empezó a ladrar furiosamente. El pelo se le erizó, tenía los ojos brotados y "sus mejillas se soplaban de emoción". Se precipitó hacia Mickey, quien saltó a un lado, exactamente como lo hacía cuando estaba vivo. Luego se sentó en una pequeña mesa y observó a la pequinesa que saltaba tratando de alcanzarlo.

Finalmente, Ching se rindió y regresó a su sitio sobre la alfombra junto a la chimenea. La Sra. Leonard se paró y se dirigió hacia Mickey. Lo acarició, observando que aparte de estar más limpio que nunca, parecía ser exactamente el mismo que había visto en vida. Ching ladró furiosamente todo el tiempo que ella acarició a Mickey. El Sr. Leonard no pudo verlo. El gato se quedó unos minutos después que la Sra. Leonard se sentó de nuevo, y luego desapareció.

Después de esta reaparición inicial, Mickey visitó a la Sra. Leonard casi todas las noches entre las 11:00 y 11:30. Cuando los Leonard estaban divirtiéndose, Mickey llegaba, daba un bufido de repugnancia y se alejaba de nuevo.[7]

La Sra. Leonard podía ver el fantasma de su gato. Los gatos también son muy buenos para ver fantasmas de personas. Un interesante ejemplo que parece demostrar esto, fue publicado en el *Evening News* de Londres, el 5 de octubre de 1923. H.G. Swindon, autor del artículo "What Did the Cat See?", regresó a casa una noche, una semana después de la muerte de su madre. Su gata estaba angustiada y trataba de escapar de la habitación que había sido cerrada. Swindon tomó la gata y la puso en el sillón favorito de su madre. Al animal siempre le había gustado este sillón, y saltaba sobre él cada vez que la señora se levantaba. Sin embargo, parecía que ya no le interesaba este lugar, y arañó a su amo en ambas manos en su prisa por salir de ahí. Swindon hizo tres intentos más para colocar la gata sobre el sillón, pero fue en vano. Decidió dejar el animal fuera de la habitación. La gata corrió por el pasillo y se escondió. Desde esa noche en adelante, se rehusó a sentarse en su anterior sillón preferido. Tampoco se quedaba sola en la habitación. Cada vez que esto sucedía, arañaba la puerta hasta poder salir. Swindon terminó su artículo con las palabras: "¿pudo la gata haber visto algo que era invisible para el ojo humano?".

Este ejemplo apareció publicado. Sin embargo, hay un gran número de historias que involucran gatos que parecen ver fantasmas.

Otra historia que yo presencié ocurrió cuando unos amigos estaban tratando de vender su casa. La joven pareja adoraba la vivienda y la estaban vendiendo porque Marion, la esposa, creía que albergaba un fantasma. Aunque nunca lo había visto, a menudo sentía una atmósfera extraña en la casa. En principio pensó que estaba exagerando, porque Carl, su esposo, no podía sentir nada. Sin embargo encontró eco a sus palabras cuando sus vecinos les contaron que los anteriores dueños habían vendido la casa por la misma razón. Aparentemente, un hombre mayor había muerto en la vivienda varias décadas atrás. Se decía que él no podía marcharse hasta sentir que las personas apropiadas estaban viviendo en su casa.

Carl continuaba escéptico hasta que su hermana con su familia llegaron a quedarse unos días. Ellos trajeron su gato también. Horacio era un viejo gato persa que dormía la mayor parte del tiempo. Sin embargo, no pudo relajarse dentro de la casa de Carl y Marion. Deambuló inquieto de habitación en habitación. Cuando entró en una de las alcobas su piel se esponjó, y siseó a algo en el rincón. Gruñó con un sonido profundo que gradualmente aumentó de tono. Tomó varios minutos calmarlo. Después de eso, no frecuentó lugares cercanos a esta habitación.

Carl aún era escéptico, pero mencionó en el trabajo el extraño comportamiento del gato de su hermana. Uno de sus compañeros de trabajo sugirió que llevaría su gata de visita, para ver si ella podía sentir las mismas vibraciones. La gata se sintió como en su casa y fue directo a dormir en los brazos de su amo. Mientras parecía dormida, su dueño la paseó de habitación en habitación. Tan pronto como entraron a dicha alcoba, despertó, saltó fuera de los brazos de su amo, y empezó a sisear y hacer sonidos extraños.

Ahora intrigado, Carl invitaba sus conocidos que tenían gatos para que lo visitaran. Todos reaccionaban de la misma forma en tal alcoba. Luego empezó a invitar amigos con perros. Sólo uno de ellos pareció notar algo raro en la habitación.

Carl adoraba la casa y estaba renuente a mudarse. Empleó a alguien para exorcizarla, en un intento por arreglar el problema. Esto funcionó un corto tiempo. Después del exorcismo, los gatos parecieron no notar cosas inusuales en la habitación en cuestión. Sin embargo, días después, el fantasma regresó.

Marion estaba contenta porque Carl ya creía en el fantasma, pero aún quería mudarse. Sin embargo, ahora sentía una responsabilidad por la presencia invisible que estaba compartiendo su casa. Le dijo a todo el mundo que la vivienda tenía un fantasma, y el comprador tenía que ser una persona especial que congeniara bien con dicha entidad.

Esto hizo difícil vender la casa. Un día, una pareja mayor visitó la casa e hizo una oferta. Marion les preguntó si tenían un gato, y dijeron que sí. Ella insistió en que lo trajeran a la casa. El gato era pequeño y tímido. Cuando lo dejaron en el pasillo, pasó de habitación a habitación. Se detuvo unos minutos en la entrada de esa alcoba, pero parecía curioso y no aterrorizado. Cuando Carl, Marion y los dueños del gato lo observaron minutos después, estaba enroscado y dormido en la cama. Esta pareja compró la casa.

Los animales fantasmas abundan en el folklore de la mayoría de países. Cuando vivía en Cornwall hice varias visitas a Dozmary Pool, en el páramo de Bodmin. En el siglo XVII, existió un malvado magistrado llamado Jan Tregeagle, quien vendió su alma al diablo. Ahora está pasando toda la eternidad vaciando Dozmary Pool con una concha perforada. Según la tradición, el diablo lo visita a menudo. El demonio siempre aparece acompañado por una jauría de perros de caza que persiguen al aterrorizado exmagistrado a través del páramo.

Cornwall es también la morada de Daisy Dog (perro de las margaritas), un pequinés que ha aterrorizado a los pescadores córnicos durante siglos. Me contaron varias versiones de esta historia mientras vivía en Bodmin, Cornwall. Existe la antigua leyenda de que el emperador de China envió un regalo de dos perros pequineses a la reina Isabel I, como una muestra de respeto mutuo. Con el valioso envío se encontraba una princesa real, un mandarín para ayudarla, cantidades de oro y varios esclavos. El viaje fue penoso y al aproximarse a Inglaterra, sólo quedaba la princesa, el oro, un esclavo y los dos pequineses, más una cría de cachorros que habían tenido. La parte final del viaje fue en un barco tripulado por pescadores córnicos. El clima se tornó violento y todos pensaron que la embarcación se hundiría. Los pescadores creían que la princesa era una bruja maligna que los llevaría a la muerte, y finalmente se amotinaron. Mataron al capitán, y luego se dirigieron al camarote de la princesa. Un miembro de la tripulación estiró una mano para tomar un cajón incrustado con oro, apartándola con un grito de dolor. Uno de los pequineses dentro del cajón lo había mordido. La tripulación tiró el cajón y a la princesa por la borda. De repente el violento mar se calmó y el barco pudo regresar a tierra.

El cuerpo de la princesa y el cajón terminaron en la orilla del mar, y fueron arrojados a una playa desierta. Nadie se les acercaba, pues el hombre que recibió la mordedura había tenido una muerte lenta y dolorosa. Al final, un hombre vio el cuerpo de la princesa sobre la playa. Se acercó para ver si podía ayudar. Encontró que la princesa estaba muerta, pero algo se movía dentro de sus ropas. Era el pequinés macho. El perro observó mientras el hombre abrió el cajón y sacó los cuerpos de la pequinesa y los cachorros. Después de consultar un sacerdote, el buen samaritano sepultó la princesa y los perros muertos, y colocó una cruz de margaritas. Luego puso encima al perro sobreviviente. El pequeño can lamió su mano, se acostó y murió.

Desde entonces, el fantasma del perro ha sido visto con frecuencia cerca a la tumba. Nadie se le acerca porque se cree que si muerde a una persona, ésta morirá rápidamente.[8]

Hay muchos relatos sobre perros fantasmas negros en Gran Bretaña. A menudo son vistos en cementerios y sitos donde se han cometido asesinatos. También en intersecciones de caminos que eran los tradicionales sitios de entierro de criminales ejecutados y personas que se suicidaban. Se creía que los fantasmas de las personas enterradas en aquellos sitios tenían menos probabilidad de encontrar su camino a casa.

Antes pensaba que estos perros eran llamados *shuck* (shuck viene de la palabra anglosajona *scucca*, que significa "demonio"). Sin embargo, son conocidos con diferentes nombres, dependiendo de la parte del país donde son encontrados. Por ejemplo, en Lancashire se conocen como 'Trash', en Norfolk los llaman 'Shuck', y en Yorkshire se utiliza el término 'Barghest'.

Se dice que estos perros no hacen daño, y han acompañado mujeres solitarias en su camino a casa. También se dice que pueden ser un presagio de muerte. Es posible que estos perros negros fantasmas sean el origen de un antiguo dicho, "él tiene un perro negro sobre su espalda", indicando a alguien que está deprimido.

En 1927, en la isla de Man, un perro negro, peludo y con ojos como "carbones ardientes", se encontró a un hombre en su camino a casa y no quiso dejarlo pasar. El padre de este hombre murió poco después.[9]

Estos misteriosos perros negros aparecen en la noche por un corto período de tiempo, usualmente en tranquilas áreas rurales, y luego desaparecen. Muchas personas han notado su presencia después de sentir el caliente aliento del perro sobre el cuello. Incluso hay quienes los han oído aullar. Harry Mackall vio uno de estos perros cuando vivía en Staffordshire en 1968.

"Estaba caminando rumbo a casa al anochecer y vi una figura negra a unas cien yardas delante de mí", me dijo. "En principio no sabía qué era. Cuando nos acercamos uno al otro, me di cuenta que se trataba de un Padfoot (el nombre para tales perros en esa parte del país). Era grande, tenía unos cuatro pies de alto y mucho pelo. Lo que más noté fueron sus ojos. No podría decir de qué color eran, pero parecían brillar de rojo por un momento y verde el siguiente. Me moví hacia la izquierda del camino para dejarlo pasar. No estaba asustado, pues ignoraba qué clase de perro era. Pareció inclinar la cabeza cuando pasó. En ese instante supe de qué se trataba. Volteé para mirar de nuevo, y él había desaparecido. Por un momento pude haberlo tocado, y segundos después se había ido".

Mi amigo Stefan Dardik me contó una interesante historia de un caballo fantasma. Hace muchos años, cuando era un estudiante universitario, Stefan disfrutaba pasar tiempo en el área desértica que rodea a Santa Fe, Nuevo México. Uno de sus lugares favoritos era una hacienda privada, conocida como el rancho de San Cristóbal.

Este lugar había sido habitado por los indios Tano, y abandonado durante la gran rebelión india de 1692. En la época en que Stefan era estudiante, era un sitio popular para tomar el Sol al desnudo y nadar junto a una piscina natural con una pequeña cascada. Este idílico lugar está ahora invadido por la vegetación y entrar allí es prohibido.

Stefan se enteró de que tal sitio fue la morada de un gran pueblo indio. Exploró toda la zona y finalmente "pudo reconocer círculos ceremoniales, pequeños montículos que habían sido casas y mucho más". Pasó un largo tiempo buscando objetos que afloraban en la superficie por efecto de la lluvia y la erosión. Encontró cerámica, raspadores, huesos y puntas.

"Solía husmear cerca a la parte superior de un arroyo —el sitio estaba erosionado— y se encontraba bien separado por una hondonada donde fluía un riachuelo", me dijo. "En muchas ocasiones ocurrió algo muy extraño. Cuando examinaba el lado de la pendiente del arroyo, a unos doce pies arriba del fondo de la hondonada, oía el galope de un caballo. Al menos, la velocidad y el timbre parecían de un caballo. El galope sonaba cada vez más fuerte detrás de mí, pero cuando volteaba a mirar, no veía nada a mi alrededor. El sonido aumentaba hasta que llamaba mi atención. Parecía que venía directo a mí, y luego cruzaba hasta el tope del arroyo, alejándose y disipándose".

"A veces sucedía hasta tres veces cuando yo pasaba horas en el lugar. En ocasiones ocurría una vez e incluso ninguna. Sólo puedo decirte que tendrías que experimentarlo. Se sentía cómo si el sonido viniera directamente hacia mí, me envolvía y luego se alejaba. Toda la experiencia duraba cerca de tres minutos, desde el momento en que empezaba a oír el distante galope, hasta que pasaba a través de mí y se disipaba de nuevo".

"No sonaba como un eco, y no me esforzaba por encontrar una explicación natural. Pasaba mucho tiempo en esta área y no parecía tener propiedades de eco. No descuento la posibilidad de que la zona pudiera tener características acústicas. Hay petroglifos —dibujos en piedra indios— en el área que representan caballos con guerreros enemigos montándolos. También encontré una pequeña pieza de cerámica en el área, que mostraba un caballo corriendo. Clasifiqué este caso como 'muy extraño'".[10]

Hay muchas historias de caballos fantasmas que por las noches vagan por Europa, a veces con un jinete. La gente está acostumbrada a los sonidos de estos caballos, los gritos de sus jinetes y el aullido de los perros que a menudo los acompañan. A menudo se refieren a ellos como *Hakelnberg* o *Hackelnbarend*, por un caballero alemán llamado Hakelnberg. Se dice que en su lecho de muerte comentó al sacerdote que no tenía interés en el cielo, porque su único amor era la caza. El sacerdote se enojó al oír esto, y le dijo, "en ese caso, puedes cazar hasta el día del juicio final".[11]

Una leyenda popular en Devon, Inglaterra, tiene que ver con el fantasma de Lady Howard (1596–1671), quien viaja por el campo en un coche tirado por caballos negros. El carruaje es conducido por un cochero sin cabeza, y un perro negro corre adelante. La tarea de Lady Howard es recoger a las personas que están destinadas a morir.

El folklore de muchos países incluye historias de personas que deambulan sobre caballos fantasmas. Por ejemplo, el fantasma de un antiguo rey francés persigue perros espectrales en el bosque en Fontainebleau. El fantasma de Herne el cazador aún deambula en el bosque real de Windsor. Odín vaga por el campo sueco en un carruaje tirado por caballos. En Edimburgo, Escocia, un caballo sin cabeza lleva el fantasma de un hechicero, Major Weir, quien fue quemado en la hoguera en 1670.

Hay una diferencia entre fantasmas y apariciones. Los primeros tienden a repetir la misma escena una y otra vez, como si estuvieran actuando eternamente en una obra.

También tienden a no interactuar con su entorno. Las apariciones son conscientes del entorno y parecen ser más "reales" que los fantasmas. Algunas pueden incluso proyectar sombras o reflejarse en un espejo. Tienen el desconcertante hábito de manifestarse y desaparecer repentinamente, dejando a las personas inseguras de lo que presenciaron.

No hay por qué tener miedo de apariciones y fantasmas, pues no tienen interés en hacernos daño. La mitad de los encuentros fantasmales terminan en menos de sesenta segundos.[12] Sin embargo, ya que es probable que usted los experimente en momentos inesperados, es natural sentirse inquieto o incluso aterrorizado. Si esto le llega a suceder, tome varias respiraciones profundas para disminuir el ritmo cardiaco y luego haga preguntas telepáticamente. Puede hacer esto con fantasmas de personas y también de animales. Se sorprenderá de lo que puede aprender.

Aunque estas figuras parecen sólidas, este no es el caso. Encontrará que su mano atraviesa las formas espectrales. Podría tener una sensación de frescura, pero eso es todo.

Los científicos a menudo descartan la idea de fantasmas y apariciones, diciendo que son alucinaciones. Esto puede ser cierto en algunos casos, pero hay muchas experiencias documentadas en las cuales varias personas ven la misma aparición simultáneamente. Es imposible creer que todos han sufrido una alucinación idéntica. La teoría de la alucinación tampoco responde los muchos casos donde el fantasma de alguien llega a despedirse antes de que las personas visitadas sepan que ha muerto. Este tipo de aparición es llamada espectro, y usualmente ocurre una o dos veces, y nunca más se presenta.

Aunque puede ser inquietante en principio, la mayoría de personas que han visto el fantasma de una mascota fallecida, encuentran que la experiencia es reconfortante y beneficiosa.

CÓMO CONTACTAR CON UNA MASCOTA FALLECIDA

No todo el mundo quiere comunicarse con una mascota que ha muerto, prefiriendo recordar al animal como era en vida. Sin embargo, para muchos, es una parte valiosa en el proceso de duelo. Es muy simple enviar su amor al animal, incluso más allá de la muerte.

1. Siéntese en un lugar donde no sea interrumpido. Puede llevar a cabo este ejercicio mientras está acostado en la cama por la noche.

2. Tome tres respiraciones profundas, sosteniéndolas varios segundos antes de exhalar. Permita que su cuerpo se relaje desde la coronilla hasta las yemas de los dedos del pie. No hay prisa, tome todo el tiempo necesario.

3. Piense en algunos de los ratos felices que disfrutó con su mascota. Trate de visualizar las escenas tan claramente como pueda.

4. Dígale a su mascota cuánto la ama, y cómo ha sido enriquecida su vida por los momentos que compartieron.

5. Envíe pensamientos amorosos a su mascota. Espere con paciencia y recibirá amor proveniente del animal.

6. Envíe a su mascota los mensajes especiales que desee.

7. En este momento, puede regresar a su vida cotidiana, feliz por haberse comunicado con su mascota. También desearía que el animal lo visite por última vez, como una aparición o espectro. Haga esto pidiéndole que regrese y diga el último adiós. Espere con paciencia hasta que reciba una respuesta. Ésta podría llegar en diferentes formas. Puede oír, en su mente, un maullido, ladrido o incluso la palabra "sí". Puede tener la sensación de saber que el contacto está hecho. Incluso podría experimentar un suave toque. Una vez que haya hecho la petición y recibido una respuesta positiva, retorne al presente y prosiga su vida cotidiana. No insista si la respuesta es negativa; debe respetar los deseos del animal.

8. Agradezca a su mascota por la comunicación y regrese al presente.

Vanessa, una mujer con la que trabajaba, vio un espectro de su gato, Bascom, poco después que él murió. En lugar de reconfortarla, aumentó su sentimiento de pérdida. Por consiguiente, le sugerí que lo contactara deliberadamente usando este procedimiento. Nada sucedió la primera vez que lo intentó, pero en la segunda ocasión sintió a Bascom frotando la cabeza contra su pierna.

"No creerías la sensación de paz que tuve", me dijo. "Bascom fue atropellado por un auto y no tuve la oportunidad de decirle lo mucho que significaba para mí. No lo vi cuando regresó, pero sabía que estaba ahí. Pude decirle cuánto lo quería y extrañaba. Estoy segura de que entendió, pues sentí una ola de paz sobre mí. Aún me siento triste porque él no está aquí conmigo, pero estoy muy agradecida por esos últimos momentos. Ahora puedo seguir adelante con mi vida".

Conozco muchas personas que de esta manera se han beneficiado de la comunicación con sus mascotas fallecidas. Este es el caso cuando el animal ha muerto repentina o trágicamente.

No trate de aferrarse a su mascota con estas comunicaciones. Ella debe estar libre y se le debe permitir avanzar, y usted también debe continuar con su propia vida. El propósito de este ejercicio es expresar el amor por su mascota además de despedirse.

*P*astorcita que ha perdido sus ovejas,
y no puede decir dónde encontrarlas;
déjalas solas y regresarán a casa,
y traerán sus colas detrás de ellas.
—*GAMMER GURTON'S GARLAND, 1810*

8

Mascotas que encuentran su camino a casa

Todos conocemos historias de mascotas que se han perdido u olvidadas en algún lugar, y sin saber como, regresan a casa. La mayoría de historias involucran gatos y perros, y a veces hay casos sorprendentes en los periódicos. Una historia conmovedora tiene que ver con una vaca frisona llamada Daisy, que fue vendida en una subasta en Devon, Inglaterra. Ella estaba tan perturbada por haber sido separada de su ternero, que saltó una barrera en la granja de sus nuevos dueños y caminó seis millas a través de los campos para encontrar su cría. El nuevo propietario quedó conmovido con la cualidad maternal de la vaca, y compró el ternero para que pudieran estar juntos.[1]

Otra anécdota curiosa también causó impacto en marzo de 1983. Un perro ovejero de ocho meses llamado Spot, se adelantó en el camino esperando subir un autobús a Londres en Cardiff, País de Gales. Se sentó en el asiento delantero y le gruñó al conductor que trató de sacarlo del vehículo ofreciéndole comida. Finalmente, el autobús arrancó hacia Londres con Spot a bordo. Cuando llegaron, el perro salió con los otros pasajeros y desapareció en la multitud. Poco después el autobús debía iniciar el viaje de retorno, Spot reapareció y se sentó de nuevo en el mismo sitio. Muchas personas lo recibieron con entusiasmo cuando regresó de su paseo de trescientas millas.[2]

Hay muchas otras historias que han sido reportadas en los periódicos. En 1997, un gato llamado Shadow, de Pine Bluff, Arkansas, viajó noventa millas en diez días para regresar a casa.[3] En 1995, una gata de nombre Chippie dejó su nuevo hogar en Marsella, Francia, y caminó el trayecto completo de La Riviera francesa hasta su anterior hogar en Nice.[4]

Una historia triste, pero con un final feliz, apareció en los diarios en 1991, e involucraba a un gato llamado Sam. En 1986, la familia de Sam se mudó de Wisconsin a Arizona. El año siguiente regresaron a Beaver Dam, Wisconsin, dejando atrás al gato. Cuatro años después, Sam regresó, después de un viaje de 1.400 millas.[5]

Cuatro años pueden parecer un tiempo considerable, pero a la tortuga Chester le tomó treinta y cinco años regresar a su hogar en Lyde, Inglaterra, de acuerdo a reportes de periódicos en 1995. Malcolm Edwards, ahora de 44 años de edad, identificó la mascota de su infancia por una marca que su padre había pintado sobre el caparazón de Chester.[6]

Ha habido varios libros escritos sobre algunas de las más extraordinarias de estas hazañas. Uno de ellos se convirtió en best-seller en 1926, cuando fue publicado *Bobbie: A Great Collie of Oregon*, de Charles Alexander. Bobbie se perdió en unas vacaciones en Indiana con su familia. Seis meses después regresó a su hogar en Silverton, Oregon, logrando recorrer de algún modo una distancia de tres mil millas. El trabajo detectivesco de Charles Alexander demostró que Bobbie había pasado cortos períodos de tiempo en Iowa, Colorado, Wyoming y Idaho, mientras encontraba su camino a casa.

El libro de Sheila Burnford, *The Incredible Journey*, se convirtió en best-seller en 1961.[7] Este libro contaba las aventuras ficticias de un gato siamés, un joven labrador y un viejo bull-terrier, viajando 250 millas a casa a través de terreno accidentado en el Norte de Ontario. La publicación fue después llevada al cine en una popular película de Walt Disney.

En 1973, un chofer de camión llamado Geoff Hancock se detuvo por una taza de café cerca a Darwin, en el Norte de Australia. Mientras él estaba ausente, Whisky, su foxterrier, se las arregló para salir del vehículo. El pobre perro se perdió, pero finalmente regresó a casa en Melbourne nueve meses después, recorriendo una distancia de casi 1.800 millas.[8]

Un caso extraordinario involucra a un perro llamado Tony. Sus dueños vivían en Chicago y estaban mudándose a una nueva casa en Michigan. Ellos no podían traer el perro y decidieron regalarlo a unos amigos que vivían también en Chicago. Seis meses después el perro apareció en la nueva casa en Michigan, después de viajar aproximadamente unas doscientas millas.[9] ¿Cómo supo Tony a dónde se habían mudado sus dueños? Esta es una de esas preguntas sin respuesta que hace fascinante el estudio de los animales en este tipo de circunstancias.

Otro caso asombroso fue investigado por el doctor J. B. Rhine. Sugar era una gata de dos años que había nacido con una cadera deforme. Cuando sus dueños se jubilaron en 1952, se mudaron de Anderson, California, a Gage, Oklahoma. Pensando que el viaje en auto de 1.500 millas sería demasiado para Sugar, pidieron a un vecino que la adoptara. La gata permaneció con sus nuevos dueños sólo dos semanas, antes de emprender la búsqueda para encontrar sus dueños originales. Esta tarea le tomó catorce meses, lo cual significó que Sugar, con una cadera deforme, recorrió más de cien millas por mes.[10]

La pregunta obvia es por qué las mascotas quieren regresar junto a las personas que aparentemente las abandonaron. Es claro que en estos casos debe haber un lazo fuerte entre el animal y las personas especiales en su vida. Hay quienes se molestan cuando su mascota, por lo general gatos, regresan a la casa que han dejado, en lugar de establecerse con sus nuevos dueños. En estos casos, el animal tiene una conexión más fuerte con el lugar que con las personas que viven con él. Si el vínculo es entre la mascota y las personas, el animal hará lo posible para regresar con ellas.

Se han hecho muy pocas investigaciones científicas sobre la capacidad de los animales para encontrar su camino a casa. A comienzos de los años veinte, F. H. Herrick, un zoólogo, sintió curiosidad por el tema cuando su gato escapó de una bolsa de viaje a sólo unas cinco millas de casa. El gato llegó a su hogar esa misma noche. Intrigado, Herrick empezó a llevarlo a diferentes lugares a pocas millas de su casa. El gato nunca tuvo problemas para regresar.[11]

Diez años después, Bastian Schmidt, un naturalista alemán, desarrolló experimentos similares con tres perros ovejeros. El primer perro fue llamado Max, y fue llevado a varios lugares en una camioneta cerrada, y secretamente observado para ver cómo regresaba a casa. Max siempre empezaba mirando en diferentes direcciones por una media hora. Finalmente, localizaba la dirección de su casa y avanzaba con la mirada fija en ese sentido eludiendo casas, aldeas, bosques y autos.[12] Herr Schmidt realizó experimentos similares en Munich con una perra llamada Nora. Ella también pasaba casi media hora mirando en varias direcciones, antes de seguir la dirección correcta.

El doctor Rhine y su equipo en el laboratorio de parasicología de la universidad de Duke, investigaron la capacidad de los animales para encontrar su camino a casa. Clementine, una joven gata, fue un buen ejemplo. El animal caminó desde su anterior hogar en Dunkirk, Nueva York, hasta la nueva casa de sus dueños en Denver, Colorado, una distancia de 1.600 millas. Durante los cuatro meses de su viaje tuvo una cría de gatitos.

En otro experimento realizado en Estados Unidos, se drogaron gatos antes de ser llevados a lugares distantes de sus hogares. Una vez que despertaban y se recuperaban completamente de los efectos de la droga, eran liberados. Siempre se las arreglaban para regresar a sus hogares.[13]

Ha habido muchos casos de mascotas que regresan a sus antiguas viviendas después que sus dueños han cambiado de casa. Los gatos hacen esto con más frecuencia que otros animales. Esto ha hecho que algunos consideren cierta la afirmación de que los gatos se aferran más a una casa específica que a quienes los cuidan. Es posible que quienes afirman lo anterior no sean amantes de los gatos, y la afirmación es refutada por el hecho de que muchos más gatos rastrean exitosamente a sus dueños humanos en nuevas viviendas, en comparación a la cantidad de aquellos que regresan a una antigua morada.

Varias sugerencias han sido presentadas en cuanto a cómo los animales pueden encontrar su camino a casa. Los escépticos dicen que lo hacen usando el potente sentido del olfato, o porque recuerdan lugares conocidos en la ruta. Herr Schmidt estaba convencido de que sus perros no usaban el olfato o pistas visuales. La prueba definitiva de esto fue proveída por Troubles, un perro explorador norteamericano en la guerra de Vietnam.

Troubles y su entrenador, William Richardson, fueron transportados a la selva a unas diez millas de su base. Richardson fue herido y un helicóptero lo trasladó al hospital. Troubles fue olvidado. Tres semanas después, lo encontraron de regreso en la base de An Khe. Estaba demacrado y agotado, pero no dejó que nadie se le acercara hasta que halló las pertenencias de William Richardson. Luego se acostó a dormir.[14]

Otro ejemplo interesante fue registrado por el doctor Milan Ryzl en su libro *Parapsychology: A Scientific Approach*, ya que el perro perdido no tuvo pistas sensorias que le ayudaran a encontrar su ruta a casa. El perro se perdió el 1 de diciembre de 1948. Poco después la familia se mudó a una nueva casa a 1.200 millas de distancia. El 27 de noviembre de 1949, el perro llegó a esta casa. Lo reconocieron por una cicatriz particular en una de sus patas y por sus gustos y peculiaridades de comportamiento.[15]

La única experiencia personal que tengo de perros que encuentran su camino a casa, tiene que ver con nuestro labrador, Bruce. Durante los primeros años de su vida vagaba alrededor de la ciudad en que vivíamos. Cuando estaba cansado, se amparaba en un humano quien lo identificaba por la información en el collar alrededor de su cuello y nos telefoneaba. Luego mi padre lo recogía y traía de regreso a casa. Finalmente, después de recoger a Bruce todos los días durante varias semanas, mi padre se enfadó. Le dijo a la persona al otro lado de la línea que le informara al perro que "regresara a casa". Todos nos preocupamos, pues Bruce estaba a varias millas de la casa en ese momento. Sin embargo, unas horas más tarde, cansado y sucio Bruce ladró emocionadamente afuera de nuestra puerta trasera.

Tomó unas cuantas semanas, pero una vez que Bruce aprendió que no sería recogido después de sus andanzas, dejó de vagar por la ciudad.

No se sabe cómo las mascotas pueden regresar a su hogar recorriendo largas distancias. Sin embargo, en la vida salvaje, tales hazañas son comunes. Los lobos, por ejemplo, recorren enormes áreas y siempre encuentran el camino de regreso a sus guaridas. Las palomas mensajeras, albatroses, estorninos y golondrinas son ejemplos de aves que pueden viajar grandes distancias y regresar seguras a su hogar. Las abejas son otro ejemplo. La migración anual de muchas especies también es asombrosa. Parece que muchos animales poseen un mecanismo natural que les permite regresar a sus moradas.

Esta cualidad varía de animal a animal. Bastian Schmidt tuvo gran éxito con algunos perros, pero también puso a prueba otros que no pudieron encontrar la ruta de regreso.[16] Esto no es sorprendente; los humanos también varían enormemente en sus habilidades direccionales.

Las personas también tienen grandes diferencias en su percepción psíquica. Un individuo puede usar su intuición a diario, mientras otro ni siquiera nota su voz interior en toda su vida. Esto podría explicar cómo algunos animales encuentran su camino a casa casi sin esfuerzo, mientras otros quedan perdidos. La clarividencia puede explicar por qué tantos animales regresan a su hogar. Obviamente, se necesitan muchas más investigaciones en este campo.

Lo que sí podemos dar por seguro es que continuaremos leyendo historias en los periódicos acerca de mascotas que se han perdido pero finalmente encuentran la ruta de regreso a su hogar.

CÓMO AYUDAR A QUE SU MASCOTA PERDIDA REGRESE A CASA

Hay muchos relatos de mascotas que se las han arreglado para regresar a casa. Este es el lado positivo de la ecuación. Pero muchas otras mascotas quedan perdidas y nunca regresan. La pérdida de un animal doméstico es devastadora, y he encontrado muchas personas que aún están sufriendo después de la desaparición de su mascota.

Si usted disfruta una regular comunicación con su mascota, quizás podrá localizarla, sin importar en qué parte del mundo esté.

Siéntese tranquilamente en un lugar donde no sea interrumpido, y envíe un mensaje telepático al animal. Es importante que permanezca lo más relajado posible. Esto no es fácil de conseguir estando preocupado por la mascota perdida, pero hace la comunicación mucho más fácil. Si se siente incapaz de hacerlo, hable con un experto calificado para que localice su querida mascota.

Envíe mensajes de amor y preocupación. Espere pacientemente para ver lo que regresa. Puede ser afortunado y descubrir que su mascota se encuentra a sólo unas pocas millas. Pídale al animal que describa el lugar donde está, y luego visite el área para ver si puede encontrarlo. Distribuya volantes y pregunte a las personas si han visto a su mascota. En uno o dos días podrían estar juntos de nuevo.

La respuesta que recibirá puede ser mucho más complicada. Tal vez su mascota ha sido robada y llevada a cientos o incluso miles de millas de distancia. Pídale al animal que describa el entorno en donde está. Hágale todas las preguntas que pueda para tratar de precisar el área donde se encuentra.

Además de comunicarse telepáticamente con su mascota, debería enviar mensajes telepáticos con regularidad mientras continua con su rutina diaria. Podría decir algo como: "te amo y quiero que regreses; por favor, ponte en contacto; te extrañamos mucho; por favor regresa". Visualice su mascota rodeada por una luz blanca protectora y mentalmente véala oír sus mensajes.

Hace poco unos conocidos perdieron su perro Jack Russell-terrier. Ellos estaban muy preocupados, ya que en los últimos meses muchos terrier habían desaparecido de su ciudad. La policía creía que se los robaban para que actuaran en peleas caninas ilegales. Debido a que aquellos perros son considerados inquietos, la gente los usaba en peleas de práctica para entrenar sus perros luchadores.

Éste no era el caso del perro de mis amigos. Margot se acostó en su cama y envió mensajes de amor a su perro. Una débil respuesta llegó, diciéndole que él había sido llevado por dos niños, y estaba a menos de una milla. Margot y su esposo buscaron en el barrio y encontraron a su perro atado en un garaje. Los padres de los niños no tenían idea de lo que ellos habían hecho, y la única respuesta de los infantes fue que querían un perro.

Es posible que las mascotas envíen mensajes incluso después de haber muerto. He hablado con varias personas que han recibido mensajes de sus mascotas informándoles que han sido muertas y que se encuentran en paz.

"Según mi experiencia, entre el 70 y 80 por ciento de mascotas perdidas están muertas", me dijo Rhonda Speer, una comunicadora de animales profesional. "Eso puede parecer un alto porcentaje, pero debe recordar que la gente acude a mí como último recurso. Normalmente cuando me consultan, sus mascotas han estado perdidas por algún tiempo. No me gusta aceptar el trabajo de encontrar mascotas perdidas, pues muy a menudo descubro que el animal está muerto. Si la mascota ha sido robada, a veces puedo describir la persona que lo hizo, y frecuentemente me sintonizo con el sitio donde el animal está viviendo. Si se encuentra en algún lugar alejado, puedo describir el área general. Todo eso es muy satisfactorio y por eso amo lo que hago. Sin embargo, no me gusta cuando tengo que informar a los dueños que su querida mascota está muerta".

Muchas veces un animal decide abandonar su hogar. Clyde, nuestro gato atigrado, en un principio pertenecía a mi vecino. Cuando nuestro anterior gato murió, Clyde se mudó a nuestro hogar. Repetidamente lo regresábamos, pero para el momento en que habíamos terminado de hablar con el vecino, Clyde volvía de nuevo a nuestra casa.

Esto se debía a que el gato amaba la compañía. Como yo trabajo en casa, podía brindársela casi todo el tiempo. Su dueño era un ocupado contador que con frecuencia estaba ausente la mayor parte del día.

Muchas veces una mascota elige abandonar su hogar sin un nuevo sitio para vivir en mente. Podría estar molesta por algún cambio en la rutina familiar. Por ejemplo, un bebé recién nacido puede significar que el animal ya no reciba la misma atención que antes. Tal vez un niño de la familia lo fastidia y atormenta. Una nueva mascota puede originar sentimientos de rechazo y celos. Hay muchas razones para que un animal doméstico decida abandonar su hogar.

En estos casos, deberá ser paciente. Dígale a su mascota lo mucho que la ama. Escuche lo que ella desea comunicar. Averigüe qué causó la partida del animal. Corrija la situación antes de invitar a su mascota a que regrese. Una vez que haya hecho esto, es probable que el animal retorne a casa en uno o dos días. También es posible que su mascota pueda proveer información que lo guiará al lugar donde se encuentra.

SALVADORES DE MASCOTAS

He encontrado varias personas a través de los años, que tienen una extraordinaria habilidad para encontrar animales extraviados o perdidos. Una mujer que conozco ha ayudado a docenas de gatos perdidos a encontrar sus dueños. Ella me preguntó por qué había sido escogida para esta tarea, ya que no conoce a nadie más con la misma habilidad.

Todos estamos emitiendo energías constantemente. Las personas que aman los animales están enviando esa energía particular al universo. Es natural para un animal perdido captar dicha fuerza y encontrar su camino al lugar donde se origina.

Gladys tiene seis gatos que llegaron a la puerta de su casa en diferentes tiempos y se quedaron con ella. Todos son amados y bien cuidados. Sin embargo, ella los considera sus fracasos, pues ha podido encontrar los dueños de los otros gatos que han llegado a su casa a través de los años. Como siempre, hizo todo lo que pudo para encontrar sus amos, pero sin éxito.

"Todos me cuentan historias de su pasado", me dijo. "Parece que eran indeseados y desamados, y no quieren regresar a sus antiguos hogares. Incluso uno de ellos sobrevivió a un intento de ahogamiento. Aquí tienen mucho amor y no les importa si llega un nuevo gato. Todos saben lo que es estar perdido, y es interesante ver cómo parecen darle la bienvenida a cualquier extraviado".

Gladys y las demás personas como ella, están cumpliendo una función muy útil. Tienen una gran satisfacción por ayudar a animales perdidos, y no hay algo que aprecien más que reunir a una mascota perdida con su dueño.

Nunca habrán suficientes salvadores de mascotas en el mundo entero.

*E*n tiempos míticos (antes de la decadencia)
el hombre vivía en paz con los animales,
y entendía su lenguaje.
—*Mircea Eliade*

9

Su ser psíquico

Todos somos psíquicos. Muchas experiencias paranormales durante su vida son "psíquicas", aun no
hayan sido consideradas de esta forma. Seguramente a veces ha sabido quién lo llama antes de responder el teléfono. Es probable que haya tenido momentos en que sabe
exactamente lo que alguien estaba pensando. Usted puede
haber entrado a una habitación y sentir tensión y cólera,
aunque las personas ahí actuaran de una forma tranquila.
Habrá experimentado muchos presentimientos. Puede haber tenido una premonición en forma de sueño, o incluso
haber visto un fantasma.

Todas estas son experiencias psíquicas, y son tan naturales como nuestros otros sentidos. Tal vez usted las ha ra-
cionalizado o llamado coincidencias. Una vez que acepte

que no hay nada extraño o inusual respecto a sentir estas cosas, podrá abrir el lado psíquico de su naturaleza y desarrollarlo todo lo que desee.

Gran parte del tiempo usamos nuestra intuición sin darnos cuenta. Constantemente estamos recibiendo información a través de los sentidos. Lo más probable es que usted y su mascota comuniquen sentimientos de amor de esta manera, aunque pueda no estar consciente de ello.

Su mascota es psíquica por naturaleza, y a diario hace buen uso de esta habilidad. Una vez permita que su intuición fluya, el vínculo entre los dos será cada vez más cercano.

Usted es mucho más que sólo un ser físico. Tiene un cuerpo material, por supuesto, pero también posee intelecto y alma. Todos estos niveles necesitan cuidado y atención.

No tiene sentido que cuide su cuerpo físico sin ejercitar también su mente y espíritu. Tampoco tiene sentido el caso contrario.

Sin embargo, todos hacemos esto en cierto grado. Nos enfocamos en determinadas partes de nuestra parte externa a expensas de otras áreas. Muchas personas ignoran, e incluso rechazan, los aspectos psíquicos e intuitivos de su ser.

He experimentado esto muchas veces en el pasado. Cada vez que ignoro un presentimiento o un mensaje que aparece en mi mente, lo lamento después. Hace algunos años, me involucré en el negocio de una propiedad con un hombre que era muy agradable. Era encantador, afable e inteligente. Sin embargo, había algo en él que mi intuición captó de inmediato. Experimenté el presentimiento de que no era lo que parecía ser. Ignoré esa señal y viví para lamentarlo. Estoy seguro de que continuaré cometiendo errores de esta clase en el futuro, pero son menos comunes ahora, y confío en mis presentimientos mucho más que antes.

No hace mucho tiempo conocí a un hombre que se gana la vida en el mercado de las acciones. Solía hacer esto usando la fría lógica, pero tuvo mucho más éxito cuando comenzó a actuar basado en sus sentimientos. Cada vez que se siente tentado a comprar o vender, cierra sus ojos por unos momentos y se pregunta a sí mismo si está tomando la decisión correcta. Cuando la respuesta es positiva, tiene una sensación de calidez y bienestar en todo su cuerpo. Si es negativa, experimenta un tirón en el estómago.

"Aún cometo errores", me dijo. "Pero pasa cuando ignoro mis sentimientos y actúo sólo basado en la lógica".

EJERCICIOS PSÍQUICOS

El primer paso es encontrar un lugar seguro en el cual experimentar. Para muchos, el sitio apropiado es una habitación de la casa. Puede ser cualquier lugar, siempre y cuando usted se sienta seguro y cómodo, sin ser interrumpido mientras practica estos ejercicios. Puede desconectar temporalmente el teléfono para evitar interrupciones. Debe sentirse cálido, pero no caliente. Puede escuchar música suave. Yo prefiero el silencio, pero muchos disfrutan la música de fondo. Asegúrese de tener algunos objetos agradables en la habitación. Estos podrían ser adornos, una pintura o tal vez flores recién cortadas. Baje la intensidad de la luz. Puede acostarse en el piso o sentarse en una cómoda silla. No hay diferencia, siempre y cuando se sienta bien y capaz de relajarse. Use ropa floja. Puede cubrirse con una cobija.

Muchos graban un cassette con el ejercicio de relajación, ya que esto permite enfocarse, en lugar de tratar de recordar el procedimiento. Algunos piensan que es más fácil relajarse oyendo una cinta grabada por alguien del sexo opuesto, pero yo creo que no hay diferencia, siempre y cuando la voz sea tranquilizante y agradable al oído.

Algunos prefieren empezar con un corto ritual. Pueden encender velas o quemar aceites esenciales. Podría decir una oración, invocar su ángel guardián o entonar una canción. Nada de esto es esencial, pero puede ser útil si lo considera conveniente.

Ejercicio de relajación

1. Siéntese o acuéstese en un sitio cómodo.

2. Mire alrededor de la habitación, y tómese el tiempo necesario para tener pensamientos agradables acerca de algo que le llame la atención.

3. Cuando esté listo, cierre los ojos y tome una larga y profunda respiración. Sosténgala varios segundos y exhale lentamente.

4. Tome otra respiración profunda, y esta vez, cuando exhale, relájese totalmente. Disfrute la sensación de relajación que fluye a través de su cuerpo.

5. Tome cinco respiraciones profundas, sosteniendo cada una unos cuantos segundos antes de exhalar lentamente. Concéntrese en su respiración. Sienta que el aire entra a su cuerpo y baja hasta los pulmones. Sostenga la respiración ahí unos segundos y luego siéntala salir mientras exhala. Algunas personas sienten que logran mejores resultados si inhalan a través de la nariz y exhalan por la boca. En la práctica, no he notado diferencia. Haga lo que considere apropiado para usted.

6. Ahora olvídese de la respiración. Enfóquese en los dedos de los pies y permita que se relajen. Inicialmente puede sentir hormigueo. Una vez que se sientan totalmente relajados, deje fluir la relajación a los dos pies.

7. Lentamente permita que la relajación avance por su cuerpo. Ponga especial atención en sus hombros y cuello, ya que en estas áreas se concentra mucha tensión.

8. Relaje los finos músculos alrededor de sus ojos, y luego deje que la agradable sensación llegue hasta la coronilla.

9. Mentalmente examine su cuerpo para asegurarse de que cada parte esté totalmente relajada. Concéntrese en el área que aún parezca tensa, y permita que la relajación gradualmente elimine la tensión. Ahora está completamente relajado.

10. Imagínese rodeado por una luz blanca que lo envuelve y protege; lo llena de confianza y felicidad. Sea consciente de que puede hacer lo que desee. Piense en un objetivo que le gustaría alcanzar. Podría ser comunicarse con su mascota, o algo totalmente distinto. Piense en este objetivo, y visualícese, lleno de energía y entusiasmo, trabajando por alcanzarlo.

11. Disfrute la agradable relajación todo el tiempo que quiera. Cuando se sienta listo, cuente silenciosamente de uno a cinco, y abra los ojos.

Encontrará este ejercicio de relajación útil en todos los aspectos de su vida. El ejercicio mismo ayuda a reducir estrés y tensión, y muchas personas me han dicho que les ha ayudado a clarificar qué ruta quieren seguir en sus vidas.

Cuando pueda relajarse rápida y fácilmente, es tiempo de que se vea a sí mismo desde una nueva perspectiva.

Ejercicio de conciencia psíquica

1. Siéntese en una silla cómoda con ambos pies sobre el piso. Apoye las manos sobre los muslos o las rodillas. (Este ejercicio también puede desarrollarse acostado, si así lo prefiere).

2. Cierre los ojos y tome una respiración profunda. Cuente en silencio hasta cinco, y luego exhale lentamente. Dígase a sí mismo "relájate, relájate, relájate" mientras exhala.

3. Tome otras diez respiraciones lentas y profundas, sosteniendo cada una hasta la cuenta de cinco y exhalando lentamente. Sienta que gradualmente se relaja en cada parte de su cuerpo.

4. Sea consciente de sí mismo en este estado de calma y relajación. Mentalmente mueva su conciencia fuera del cuerpo hasta el techo en un rincón de la habitación en que está. Mírese desde arriba. Visualícese lo más claramente posible.

5. Mueva su conciencia a la cabeza, al área entre las cejas. Sea consciente de su cuerpo. Disfrute el ritmo regular de la respiración. Experimente la sensación del material de su ropa debajo de las manos.

6. Tome otras tres respiraciones lentas y profundas. Piense en una vivencia agradable de su pasado y experiméntela de nuevo, lo más claramente posible. Retorne al presente.

7. Siéntase relajado y contento, disfrutando el presente.

8. Piense en una experiencia que le gustaría tener en el futuro. Visualícela lo más clara y completa posible. Cuando esté listo, retorne al presente.

9. Cuente silenciosamente de uno a cinco, abra los ojos y estírese.

Este ejercicio es muy beneficioso en muchas formas. Le permite sintonizarse con usted mismo, penetrar en su interior, y ser consciente de que es mucho más que sólo una mente y un cuerpo. Muchas personas ganan entendimiento espiritual cuando hacen este ejercicio regularmente.

También le ayudará a reconocer que puede lograr cualquier cosa que fije en su mente. Muchas personas no tienen idea de lo que realmente quieren en la vida, pero haciendo este ejercicio pueden tener una clara idea de lo que desean en el futuro.

Este procedimiento también es útil para que desarrolle su conciencia psíquica. Mientras lo hace, tendrá destellos intuitivos sobre todas las cosas que pasan en su vida.

Después de practicar este ejercicio varios días, podrá realizar un procedimiento más avanzado. Este nuevo ejercicio está destinado a permitirle comunicarse psíquicamente con su mascota. Como un beneficio adicional, también estrechará el vínculo entre los dos.

Convertirse en uno con su mascota

1. Haga los cinco primeros pasos del anterior ejercicio.

2. Piense en su mascota y sus sentimientos por ella.

3. Introduzca su conciencia en el animal.

4. Espere pacientemente y vea lo que sucede. Podría recibir un mensaje psíquico de su mascota. También pueden aparecer palabras en su mente. Tal vez sienta un brillo cálido o alguna otra respuesta; es su mascota enviándole un mensaje. Podría recibir la fuerte sensación de un gato, perro o cualquiera que sea su mascota. Si el animal está en la misma habitación con usted, podría acercársele y lamer su cara, o dar otra respuesta física.

5. Cuando haya recibido una respuesta de cualquier tipo, permita que su conciencia psíquica regrese.

6. Agradezca al universo por permitir que usted y su mascota estén más unidos que antes.

7. Cuente de uno a cinco, abra los ojos y estírese.

Con la práctica, podrá hacer este ejercicio completo en menos de diez minutos. Logrará mejores resultados si lo hace con regularidad, en lugar de emplear media hora una vez a la semana.

También puede usar este ejercicio para determinar la salud de su mascota. Mentalmente examine el cuerpo del animal mientras desarrolla el cuarto paso, y vea qué aparece en su mente. Si encuentra áreas enfermas, mentalmente rodéelas con luz blanca mientras transmite pensamientos curativos a su mascota. Si encuentra algo mal físicamente en el animal mientras hace este ejercicio, debe llevarlo al veterinario.

Con el tiempo, usted y su mascota disfrutarán la cercanía que se deriva de este ejercicio. Encontrará que el animal le envía una variedad de mensajes. Cuando comience, es probable que éstos sean sentimientos de amor y alegría. Con el tiempo, recibirá mensajes mucho más específicos. Su mascota podría estar triste por algo que hace un miembro de la familia. Tal vez desee una dieta más variada, una cama diferente, un nuevo hueso o ejercicio más frecuente. Sin importar lo que desee el animal, podrá decírselo a través de este ejercicio.

PSÍQUICOS DE ANIMALES

Los psíquicos de animales son personas que pueden conectarse psíquicamente con su mascota. Si practica estos ejercicios, podrá convertirse también en uno de ellos. Si es así, tendrá la capacidad de hacer un valioso trabajo ayudando a que las personas se conecten más con sus mascotas. Podrá diagnosticar enfermedades, descubrir y liberar problemas psicológicos, eliminar trastornos de comportamiento, y desarrollar otras funciones que afectan a las personas y sus mascotas.

Linda Snow es una atareada psíquica de animales especializada en gatos. Ella se describe a sí misma como una "persona gata", por eso ninguno de sus amigos se sorprendió cuando convirtió su amor por los gatos en un oficio de tiempo completo. Sólo le inquieta estar ahora demasiado ocupada, y las personas tienen que apartar citas con semanas de anticipación para consultarla.

"No fue una ocupación elegida conscientemente", me dijo. "Trabajaba en computadoras y pensaba que siempre lo haría. Tenía varios gatos, y una noche que llegué a casa del trabajo, Sebastián, mi persa, estaba tosiendo. Pensé que estaba congestionado debido al pelaje que se acumula en la boca después de lamerse con la lengua. Era tarde y no podía hacer nada, excepto consolarlo. Lo tomé en mis brazos y este asombroso sentimiento surgió en mí, como si Sebastián estuviera comentándome su problema. No se trataba del pelaje en su boca. Tenía una espina de pescado atorada en la garganta. Recibí el mensaje de que le diera pan. Estaba preocupada de empeorarlo, pero esto arregló el problema. En este momento, me preguntaba si realmente había recibido un mensaje, pero cuando lo alcé de nuevo, recibí un cálido agradecimiento".

"Empecé a acariciar mis otros gatos de la misma forma, y a preguntarles cómo se sentían. Para mi asombro, todos respondieron. Pasó mucho tiempo antes que le comentara esto a alguien, pero una de mis amigas fue muy motivadora. Prácticamente me empujó en este oficio, pues yo estaba muy renuente a dejar lo que siempre había hecho. Ella tenía un enorme gato. Pensé que me arañaría, pero se postró en mis brazos y me comentó algo que hacía falta en su dieta. No pude haber estado más sorprendida. Mi amiga le dio lo que le faltaba y su salud mejoró. Mi amiga le contó a otras personas, y pronto empecé a tratar gatos casi todas las noches. Luchaba con esto todo el tiempo, pues estaba feliz en las computadoras. Pero usted sabe, mi vida empezó a tener sentido cuando me dediqué a esta labor por tiempo completo. Siento que finalmente estoy haciendo algo que vale la pena".

En la actualidad hay muchas personas que trabajan como psíquicos de animales. Hace veinte años ésta habría sido considerada una ocupación extraña. Recuerdo a un hombre en Brighton, Inglaterra, que comenzó a hacer lecturas psíquicas de animales a comienzos de los años setenta. Él recibió una gran publicidad por parte de la prensa, porque lo que hacía era de interés periodístico en esa época. Los psíquicos de mascotas ya no son considerados extraños, y sería difícil pensar en un oficio más valuable y satisfactorio.

Usted necesita tener un gran amor y respeto por los animales para considerar convertirse en un comunicador de animales. También debe creer que puede comunicarse exitosamente con ellos. Tiene que estar preparado para practicar todo el tiempo necesario y así perfeccionar sus habilidades. Debe aprender a escuchar, a realmente escuchar, lo que los animales desean comunicar. Es necesario que pueda concentrarse totalmente en el animal antes de finalizar su evaluación. Debe ser amable y cuidadoso. Si está preparado para hacer esto, tiene el potencial para mejorar la vida de innumerables personas y animales.

La mejor manera de convertirse en un psíquico de animales es permitir que la habilidad se desarrolle gradualmente. Escuche con cuidado. Comuníquese con todos los animales que pueda, y vea qué información le llega. Determine cuáles son los animales con los que más le gusta trabajar. Puede decidir especializarse en uno en particular.

Bill Northern es un psíquico de caballos de Virginia que trabaja internacionalmente. A menudo es requerido cuando un caballo de carreras no se está desempeñando tan bien como debería. Bill descubrió su habilidad mientras aprendía cómo practicar la radiestesia en Vermont. Sus instructores tenían dos caballos, y Bill debía responder veinte preguntas acerca de cada animal. Él falló, pero quedó fascinado con el proceso y se fue a casa a practicar. Un día entró a una caballeriza y un caballo le dijo que no le habían dado una manzana ese día. El dueño del animal negó esto, pero luego se dio cuenta que era cierto. Este simple comienzo impulsó a Bill a un oficio que lo ha llevado alrededor del mundo.

Bill tiene una empatía especial con los caballos debido a que está especializado en ellos, pero también recibe mensajes de otros animales. De hecho, escucha información de tantos, que deliberadamente debe disiparla, a menos que pueda ayudarlos.[1]

Usted podría utilizar los servicios de un comunicador de animales profesional. La mejor forma de encontrar uno es por medio de una recomendación personal. Averigüe todo lo que pueda sobre el comunicador antes de emplearlo. Pida cartas de recomendación y llame a algunos de sus clientes para ver qué tan satisfechos quedaron con su trabajo.

Si no puede encontrar un comunicador de animales por recomendación personal, hay una excelente hoja informativa llamada *Species-Link: A Journal of Interspecies Communication*. Esta lista recomienda comunicadores de animales en los Estados Unidos.[2]

Yasí, mientras duermo, algún sueño me engaña
y repentinamente sé que estoy soñando.
Luego pienso: este es un sueño, pura diversión
de mi voluntad; y ahora que tengo poder ilimitado,
voy a provocar a un tigre.

—*Jorge Luis Borges*

10

Comunicación con su mascota en sueños

Las personas siempre se han fascinado con sus propios sueños. La Biblia contiene muchos relatos de sueños e interpretaciones de los mismos. Los antiguos egipcios parecen haber sido los primeros en estudiar los sueños, y los griegos llevaron la interpretación a nuevos niveles, colocando especial atención a los simbolismos y a su naturaleza profética.

A finales del siglo XIX, los psicólogos empezaron a estudiar los sueños. Sigmund Freud creía que éstos eran en gran parte satisfacción de deseos, y que principalmente soñamos acerca de sexo, seguido por nacimiento y muerte. Carl Jung tuvo una visión más amplia y creía que a menudo soñamos con situaciones opuestas a lo que experimentamos en la vida cotidiana.

Los parasicólogos han estudiado los sueños por más de cien años. La doctora Louisa Rhine recolectó miles de relatos de sueños precognitivos en sus investigaciones. Parece que los sueños intuitivos son comunes y todo el mundo los experimenta. No se sabe por qué las personas aumentan la capacidad psíquica en sus sueños. Es posible que estemos recibiendo impresiones psíquicas todo el tiempo, pero tendemos a ignorarlas estando despiertos, porque nuestra mente consciente se encuentra atendiendo otras cosas.

A comienzos de los años cincuenta, dos investigadores norteamericanos, William Dement y Nathaniel Kleitman, descubrieron que en diferentes períodos del sueño las ondas encefálicas eran casi tan rápidas como lo son cuando estamos despiertos, y que los ojos se mueven rápidamente de un lado a otro. Las personas recordaban el sueño si eran despertadas durante una de estas etapas de REM (rapid eye movement), o movimiento rápido del ojo. Sin embargo, si eran despertadas en períodos en que el REM no estaba ocurriendo, usualmente reportaban que no estaban soñando.

Desde 1972, los investigadores del Maimonides Dream Laboratory de Nueva York, han estudiado sueños telepáticos y precognitivos en un marco de laboratorio. Algunos de los resultados han sido increíbles. Una noche, Malcolm Bessant, uno de los mejores casos estudiados, soñó que compraba boletos para un encuentro de boxeo en el Madison Square Garden. La imagen telepática que se le estaba enviando en su sueño era efectivamente una pelea de boxeo.[1]

Durante los últimos cuarenta años, los científicos han investigado el tiempo de los sueños y las ondas encefálicas específicas que son producidas en el período de ocurrencia de dicho estado. Hoy día, el interés por los sueños es mayor que antes.

Los sueños han cambiado el curso de la historia del mundo. Si Mahoma hubiera ignorado el consejo del ángel Gabriel, quien se le apareció en un sueño, no habría conquistado La Meca, y la diseminación del Islam podría no haber ocurrido. Gengis Kan tuvo un sueño en el cual le dijeron que gobernaría a los mongoles. En tiempos más modernos, Bismarck decidió invadir Austria como resultado de una experiencia onírica. Doris Kearns, una ayudante del presidente Lyndon B. Johnson, cree que la decisión del mandatario de retirarse de Vietnam, fue producto de un sueño.[2]

Hay diferentes tipos de sueños. Los anteriores son ejemplos de sueños precognitivos, ya que dan al soñador una visión del futuro. Las pesadillas son experiencias oníricas basadas en el miedo. Los sueños inspirativos pueden solucionar problemas que nos confunden cuando estamos despiertos. Por esta razón, a menudo despertamos en la mañana con las respuestas a los problemas que eran irresolubles cuando nos acostamos. Los sueños telepáticos y clarividentes nos dan indicaciones psíquicas de las motivaciones y comportamientos de los demás. De la misma forma que nos comunicamos telepáticamente con las personas, podemos hacerlo con nuestras mascotas en el sueño. El problema, por supuesto, es recordar la experiencia onírica cuando despertamos.

Los diarios de sueños pueden ayudar a resolver este problema. Mientras yace en la cama esperando dormirse, dígase a sí mismo que recordará sus sueños en la mañana. Cuando despierte, recordará parte de los sueños que tuvo. Escriba esto lo más pronto posible. Mientras lo hace, recordará más detalles, y a veces todo el sueño regresará a su mente. Toma práctica dominar esto, pero una vez que lo haga, su diario se convertirá en un recurso muy útil que lo ayudará en muchas áreas de su vida.

También puede decirse, antes de dormir, que soñará acerca de su mascota. Puede además ser más específico. Podría desear tener una conversación con el animal en el sueño, o averiguar por qué se comporta de determinada manera. Quizás a su mascota le disgusta alguien y usted quiere saber por qué. Tal vez se comporta extrañamente y desea averiguar la razón. No importa cuál es el problema, no hay diferencia. Las respuestas pueden ser encontradas como el resultado de sueños que son dirigidos de esta forma. Si la respuesta no llega al despertar en la mañana, siga pidiendo el mismo sueño todas las noches hasta que reciba el mensaje.

Es probable que usted también figure en los sueños de su mascota, pues ahora se sabe que los animales sueñan con experiencias reales de sus vidas. Investigadores del Massachusetts Institute of Technology (MIT), han descubierto que los animales tienen sueños largos y complejos, relacionados con experiencias de la vida cotidiana.

En un experimento interesante, Matthew Wilson, profesor adjunto de ciencias cognitivas y del cerebro en el MIT, y el estudiante graduado Kenway Louie, enseñaron a ratas amaestradas a correr alrededor de una pista circular para recibir una recompensa de comida. La actividad cerebral de las ratas fue monitoreada mientras corrían y cuando estaban dormidas. Mientras estaban corriendo, los cerebros creaban un patrón único de neuronas en un área cerebral relacionada con la memoria. Luego los investigadores examinaron más de cuarenta episodios de REM cuando las ratas estaban durmiendo. La mayoría de sueños ocurren, en animales y humanos, en el estado de movimiento rápido del ojo. En cerca de la mitad de los episodios de REM que fueron monitoreados, las ratas duplicaron la misma actividad cerebral que habían registrado mientras corrían alrededor de la pista. Las semejanzas fueron tan cercanas, que los investigadores podían determinar en qué parte de la pista se encontraba la rata en el sueño, y si estaba corriendo o no.[3]

SUEÑO LÚCIDO

El sueño lúcido es un tipo especial de sueño en el cual la persona es consciente de que está soñando, y puede dirigir la experiencia onírica en la dirección que desee. La capacidad de tener estos sueños puede desarrollarse con la práctica.

El término "sueño lúcido" fue introducido por Frederik Van Eeden, un médico holandés, en 1913. Van Eeden empezó a estudiar sus propios sueños en 1896, y tuvo su primer sueño lúcido un año después. Sin embargo, el primer libro que incluía información sobre lo que él llamó "sueños guiados", fue escrito por el marqués d'Hervey de Saint-Denys, un profesor francés de literatura china, en 1867. Él se interesó en este campo a una edad temprana e inició un diario de sueños a los trece años. Pronto descubrió que, a medida que el tiempo pasaba, recordaba cada vez más detalles de sus experiencias oníricas. También encontró que a veces, mientras estaba soñando, era consciente de ello y podía dirigir el sueño en la dirección que elegía. Entre más practicaba esto, con mayor frecuencia ocurría, hasta que pudo soñar lúcidamente cuando quería.[4]

Las personas interesadas en sus sueños tienden a soñar lúcidamente. Las que no se interesan por ellos tienen la tendencia a no recordarlos, y usualmente no experimentan sueños lúcidos. Por consiguiente, un buen primer paso para soñar lúcidamente es poner atención a las experiencias oníricas registrándolas en un diario.

Muchos piensan que es mejor experimentar en el fin de semana, cuando no tienen que levantarse a una hora específica la mañana siguiente. Asegúrese de no comer o beber en exceso antes de practicar con el sueño lúcido.

He incluido varios métodos para experimentar un sueño lúcido. Esto se debe a que ningún procedimiento parece funcionar para todos. Ensáyelos y vea cuál método funciona mejor. Al igual que con otras cosas que valen la pena, tener éxito toma tiempo, paciencia y trabajo duro, pero las recompensas premian el esfuerzo.

Método uno

Un sueño recurrente provee un útil escalón para lograr un sueño lúcido. Si tiene la misma experiencia onírica con regularidad, antes de quedarse dormido, dígase a sí mismo que cuando empiece a tener otra vez este sueño, pasará directamente a un sueño lúcido.

Método dos

El método del sueño recurrente es útil sólo para quienes los experimentan. Sin embargo, usted puede usar una técnica similar para entrar a un sueño lúcido. Antes de quedarse dormido, dígase a sí mismo que cuando experimente una cierta situación, o vea un objeto específico en el sueño, inmediatamente será consciente de ello y entrará en un sueño lúcido. La situación u objeto puede ser cualquier cosa. Revise sus diarios de sueños y vea qué situaciones, objetos o símbolos aparecen regularmente. Podría ser algo físico, como un auto o una mano. También puede ser un sentimiento o emoción.

Método tres

Otro método que es eficaz para algunos es decirse a sí mismo, antes de quedarse dormido, que experimentará un sueño lúcido esa noche. Debe repetir esto varias veces antes de dormirse.

Método cuatro

Un método alternativo es relajarse varias veces al día. Cierre los ojos, tome varias respiraciones profundas y relájese todo lo que pueda. Dígase a sí mismo que experimentará un sueño lúcido al dormirse. Haga esto con la mayor frecuencia posible, hasta que comience a tener sueños lúcidos.

Método cinco

Varias personas me han dicho que tienen sueños lúcidos más fácilmente si toman una taza de té herbal antes de acostarse. El té de camomila parece ser efectivo.

Método seis

En este método hay que mirar fijamente un objeto quieto durante varios minutos antes de dormir. Manténgase enfocado en el objeto mientras se dice a sí mismo que tendrá un sueño lúcido.

Método siete

Este método funciona bien para personas que tienen poco éxito con los otros procedimientos. Debe ir a dormir a una hora que normalmente está despierto. Lo más probable es que sueñe lúcidamente mientras toma una siesta vespertina, por ejemplo, y no cuando duerma profundamente durante la noche. Esto es debido a que no dormirá tan profundamente en su siesta, y es más probable que reconozca un sueño lúcido cuando ocurra.

Método ocho

Cuando se acueste, programe su despertador para despertar cuatro horas más tarde. Ya que experimentamos más períodos de sueño con REM en la segunda mitad de cada noche, es más probable que los sueños lúcidos ocurran en las tres o cuatro horas antes de despertar en la mañana. Al despertar deliberadamente, y luego dormir de nuevo con la intención de experimentar un sueño lúcido, hay mayor posibilidad de que tenga uno.

Método nueve

Un método final incluye el uso de un hipnoterapeuta para ayudar a iniciar el proceso. En hipnosis usted entra a un estado de trance, en el cual puede experimentar dos niveles de realidad al mismo tiempo. Un buen hipnoterapeuta hará que le suceda esto y dará sugerencias que le ayudarán a tener un sueño lúcido. Por supuesto, en un sueño de este tipo estará experimentando tres niveles de realidad simultáneamente: será consciente de su cuerpo físico acostado en la cama, de lo que sucede en su sueño lúcido, y de que está observándose en el mismo.

Experimentar un sueño lúcido

Una vez consciente de que está soñando, podrá experimentar en la forma que desee. Puede continuar con el sueño que está teniendo, y ver a dónde lo lleva. Podría decidir visitar su lugar de trabajo o tener una conversación con un pariente fallecido. Tal vez parezca que no hay límite para lo que puede hacer, pero hay algunas restricciones.

Por ejemplo, podría encontrar imposible cambiar de escenario aunque pueda controlar todo dentro de él. Con la experiencia aprenderá lo que puede y no puede cambiar.

Asumo que usted está aprendiendo cómo tener sueños lúcidos principalmente para estrechar el vínculo con su mascota. Podrá llamar a sus animales domésticos en el curso de un sueño lúcido. Podrían encontrarse en un ambiente extraño e inusual, pero esto no importa. Una vez que su mascota haya llegado, véase haciendo algo con ella. Puede ser una experiencia normal y cotidiana, tal como pasear el perro o cabalgar el caballo. Todo es resaltado en este tipo de sueño, y experimentará todo claramente, en vivos colores y detalles perfectos.

Como se trata de un sueño, por supuesto, puede hablar libremente con su mascota, y ella le dará respuestas completas, a veces con grandes detalles. Esta conversación le parecerá perfectamente normal, y se sorprenderá de algunas de las respuestas que reciba. Podrá preguntarle al animal sus esperanzas y sueños, disfrutar algunas de sus actividades preferidas, y tal vez acostarse y relajarse con él un rato, antes de despertar.

Uno de los mejores aspectos del sueño lúcido es que usted recordará todo claramente cuando despierte en la mañana. Parecerá tan vivo como si hubiera sucedido estando despierto.

Tampoco hay fronteras de tiempo. Puede aparecer en un sueño lúcido con una mascota de su infancia como lo haría con una actual. Puede pasar tiempo con cualquier cosa que desee.

Una vez que pueda soñar lúcidamente, querrá hacerlo todo el tiempo. De hecho, muchas personas se vuelven adictas a esto porque prefieren su maravilloso mundo de sueños en lugar de la realidad. El problema es que asuntos importantes de la vida cotidiana son desatendidos mientras la persona sueña.

Lo mejor es buscar deliberadamente un sueño lúcido una o dos veces a la semana, y tener un propósito específico para cada ocasión. También podría experimentar involuntariamente sueños lúcidos de vez en cuando, y no hay nada malo al respecto. Las personas que tienen "sobredosis" de estos sueños, encuentran que los maravillosos colores, sentimientos y experiencias pierden su intensidad después de un tiempo. Después de un descanso de dichos sueños, se recobrará el brillo y la intensidad.

Nadie sabe por qué ocurre, pero es posible que debido a que soñamos por razones específicas, no estamos destinados a apoderarnos de los sueños y controlarlos todo el tiempo. Por consiguiente, aproveche los sueños lúcidos como ayuda para tener un vínculo más fuerte con las personas y animales importantes en su vida, pero no se vuelva dependiente de ellos.

Los sueños lúcidos son siempre experiencias placenteras. No están presentes los elementos desagradables que frecuentemente ocurren en los sueños normales, tales como ser perseguido o caer a un abismo. Todo es más vibrante que en las experiencias oníricas usuales o en la vida real. Los sueños lúcidos pueden ser muy emocionales, pero de nuevo, estas emociones siempre son positivas.

Otros animales

Usted puede encontrarse otros animales en el curso de su sueño lúcido. Tal vez conozca algunos de ellos, pero otros serán desconocidos. Podría incluso ver animales extraños e imaginarios. Afortunadamente, en un sueño lúcido ellos serán afables e inofensivos.

También podría ver un caballo ganando una carrera, uno o dos días antes que esto ocurra en la vida real. Wilbur Wright, el novelista, tuvo tres de estas experiencias, pero no apostó a ninguno de los caballos. Comentó a sus amigos los sueños, y ellos ganaron dinero en cada ocasión. Los primeros dos sueños de esta clase no fueron lúcidos. Wilbur se vio en un hipódromo con una compañía desconocida a su lado. En cada sueño tuvo una conversación con este hombre para determinar qué caballo había ganado la carrera. En la tercera ocasión, Wilbur se dio cuenta que estaba soñando y experimentó un sueño lúcido. Volteó hacia su anónimo compañero y dijo, "¡oh no! ¡No otra vez!". Luego continuó con la usual conversación sobre quién había ganado la carrera.[5]

Los animales son considerados símbolos positivos en los sueños, y usted encontrará que en sus sueños lúcidos puede disfrutar largas conversaciones con ellos.

UN NUEVO MUNDO

Tal vez en principio encuentre difícil aceptar algunas de las ideas presentadas en este libro. Sin embargo, estoy seguro que notará un cambio inmediato en la relación con su mascota, cuando empiece a practicar los conceptos aquí explicados. Su mascota es psíquica y celebrará la cercanía adicional que los dos disfrutarán en el futuro. No importa qué tan buena es su relación ahora, alcanzará nuevos niveles tan pronto como tenga una total conexión psíquica con el animal. Esto será muy útil en la vida cotidiana, y también podrá mantener una comunicación cercana, incluso cuando estén separados por miles de millas.

También hay otras ventajas. Descubrirá si su mascota prefiere cierto tipo de comida. En una época tuvimos una glotona gata siamés que comía todo lo que se le ponía al frente. Nos sorprendimos cuando descubrimos que no le gustaba una marca de comida para gatos. Ella siempre la consumía, lo cual es sorprendente, ya que ningún otro gato que hemos tenido habría consumido algo que no disfrutara. Una vez que supimos que no le gustaba este alimento, dejamos de comprarlo.

Hay ventajas más importantes. Si su mascota está enferma, podrá hacérselo saber mucho más rápido que antes. En casos graves, esto podría salvar la vida del animal. A la inversa, su mascota también podría salvarlo. En este libro he incluido ejemplos de personas que fueron advertidas del peligro por sus mascotas. Cuando usted desarrolle una relación cercana e intuitiva con el animal, será más consciente de los cambios en el comportamiento de su mascota, y podrá tomar ventaja de esto en casos de peligro.

Su relación con todos los seres vivos mejorará. Podrá comunicarse con animales dondequiera que vaya. Verá todo de manera diferente, y será consciente de la interconexión entre los seres vivientes. Su fe y filosofía de vida crecerán mientras experimenta esto y descubre que todos somos aspectos de un único Ser.

Tome su tiempo con las diversas pruebas. Su mascota las hará con agrado, pero puede sorprenderse de su repentino interés en el tema. No espere milagros inmediatamente. Con la ayuda de su mascota, aprenderá a comprender las percepciones de los animales y sus asombrosos sentidos, incluyendo, por supuesto, su increíble sexto sentido. En el proceso, abrirá y liberará su propia intuición. Su mascota está dispuesta a abrirle los ojos a un nuevo mundo. Todo lo que debe hacer es escuchar.

NOTAS

Introducción

1. Erika Friedmann, Aaron H. Katcher, Sue A. Thomas, James J. Lynch, y Peter R. Messent, "Animal Companions and One-Year Survival of Patients After Discharge from a Coronary Care Unit," *Public Health Report* 95 (1980): 307–312.

2. Aaron Honori Katcher y Alan M. Beck, *New Perspectives on Our Lives with Companion Animals* (Philadelphia, Penn.: University of Pennsylvania Press, 1983), 532.

3. E. Ormerod, "Pet Programmes in Prisons," *Society for Companion Animal Studies Journal* 8 (4, 1996): 1–3.

4. Paulette Cooper y Paul Noble, *277 Secrets Your Dog Wants You to Know* (Berkeley, Calif.: Ten Speed Press, 1995), 95.

5. Bernard Asbell, *The Book of You* (New York, N.Y.: Ballentine Books, 1992), 238. (Originalmente publicado como *What They Know About You* por Random House, Inc., New York, 1991.)

6. Dr. Stanley Coren, *Why We Love the Dogs We Do* (New York, N.Y.: The Free Press, 1998), xi.

7. Dr. Bruce Fogle, "Unexpected Dog Ownership Findings from Eastern Europe," *Anthrozoos* 7: 270.

8. U.S. Census Bureau, www.census.gov/statab/www/freq/html.

9. Carl Wyndcliff, *Stories of Famous Authors* (London, UK: Congreve and Company Limited, 1922), 173.

10. Richard St. Barbe Baker, "Dog Sense," *Dogs That Serve*, Compilado por L. G. Cashmore (London, UK: George Ronald, 1960), 31.

11. Dr. Rupert Sheldrake, *Dogs That Know When Their Owners Are Coming Home and Other Unexplained Powers of Animals* (London, UK: Hutchinson, 1999), 12–14 y 257–271.

Capítulo uno

1. Warren D. Thomas y Daniel Kaufman, *Elephant Midwives, Parrot Duets and Other Intriguing Facts from the Animal Kingdom* (London, UK: Robson Books, 1991), 86.

2. R. McNeill Alexander, *Animal Mechanics* (Oxford, UK: Blackwell Scientific Publications, 1983), 277–278.

3. Sarah Heath, *Why Does My Cat . . . ?* (London, UK: Souvenir Press Limited, 1993), 129.

4. Gary Brodsky, *The Mind of the Cat* (Stamford, Conn.: Longmeadow Press, 1990), 32.

5. Warren D. Thomas y Daniel Kaufman, *Elephant Midwives, Parrot Duets and Other Intriguing Facts from the Animal Kingdom*, 58.

6. Ibíd., 58.

7. John Downer, *Supersense* (New York, N.Y.: Henry Holt and Company, Inc., 1988), 8.

8. Ibíd., 25.

9. Warren D. Thomas y Daniel Kaufman, *Elephants' Midwives, Parrot Duets and Other Intriguing Facts from the Animal Kingdom*, 86–87.

10. James L. Gould y Carol Grant Gould, *The Animal Mind* (New York, N.Y.: Scientific American Library, 1994), 71–72.

11. Rolf Harris, *Tall Animal Tales* (London, UK: Headline Book Publishing, 2000), 213.

12. Martin Ebon, *Prophecy in Our Time* (New York, N.Y.: The New American Library, Inc., 1968), 174.

13. A. H. Crowther, "The Mysterious Warning," *Authentic Stories of Intelligence in Animals,* Compilado por Geoffrey Hodson (Auckland, NZ: The Council of Combined Animal Welfare Organizations of New Zealand, n.d.), 49.

14. John J. Kohut y Roland Sweet, *Strange Tails: All-Too-True News from the Animal Kingdom* (New York, N.Y.: Penguin Putnam, Inc., 1999), 34.

15. Diodorus of Sicily (12 volumenes), Traducido por Charles L. Sherman (Cambridge, Mass.: Harvard University Press, 1952), Volumen 7, 81–89.

16. Plinio el viejo, *Historia Naturalis* 2, 84.

17. D. de Dolomieu, *Memoire sur les tremblements de terre de la Calbre pendant l'annee 1783* (Rome, Italy, 1784), 131–133.

18. *Time Magazine* (January 24, 1977): 26.

19. Helmut Tributsch, *When the Snakes Awake: Animals and Earthquake Prediction* (Cambridge, Mass.: The MIT Press, 1982), 64–65 y 234–235.

20. Stuart Gordon, *The Paranormal: An Illustrated Encyclopedia* (London, UK: Headline Book Publishing Plc., 1992), 23.

21. Stan Gooch, *The Secret Life of Humans* (London, UK: J. M. Dent & Sons Limited, 1981), 106–107.

Capítulo dos

1. M. Oldfield Howey, *The Cat in Magic, Mythology, and Religion* (New York, N.Y.: Crescent Books, 1989), 198. (Publicado originalmente por Rider and Company, London, como *The Cat in the Mysteries of Religion and Magic*.)

2. "Purrfectly Wonderful Way to Be Healthy," Artículo anónimo publicado en *The New Zealand Herald*, marzo 20, 2001.

3. Richard Webster, *Dowsing for Beginners* (St. Paul, Minn.: Llewellyn Publications, 1996), 107–108.

4. M. Oldfield Howey, *The Cat in Magic, Mythology, and Religion*, 202–203.

5. Yvonne Roberts, *Animal Heroes* (London, UK: Pelham Books/Stephen Greene Press, 1980), 59–60.

6. DeTraci Regula, *The Mysteries of Isis* (St. Paul, Minn.: Llewellyn Publications, 1995), 137.

7. Cornfield Parrish, *Persian Myths and Legends* (London, UK: The Cranston Company, 1922), 342.

8. Patricia Dale-Green, *The Cult of the Cat* (New York, N.Y.: Weathervane Books, n.d.), 118. (Originalmente publicado por Houghton Mifflin Company, 1963.)

9. Ibíd., 143.

10. Howard Loxton, *99 Lives: Cats in History, Legend and Literature* (San Francisco, Calif.: Chronicle Books, 1998), 120.

11. J. J. M. de Groot, *The Religious System of China* (Originalmente publicado en 1892. Reimpreso por Literature House Limited, Taipei, Taiwan, 1975), v y 825.

12. Zolar, *Zolar's Encyclopedia of Omens, Signs and Superstitions* (New York, N.Y.: Prentice Hall Press, 1989), 45.

13. John Sutton, *Psychic Pets* (Hillsboro, Ore.: Beyond Words Publishing, Inc., 1997), 73.

14. Nina Epton, *Cat Manners and Mysteries* (London, UK: Michael Joseph Limited, 1973), 38–39.

15. D. Scott Rogo, *Mind Beyond the Body: The Mystery of ESP Projection* (New York, N.Y.: Penguin Books, 1978), 176–178.

16. Richard Webster, *Astral Travel for Beginners* (St. Paul, Minn.: Llewellyn Publications, 1998).

17. Helmut Schmidt, "PK Experiments with Animals as Subjects," *Journal of Parapsychology* 34 (1970): 255–261.

18. Dr. Milton Kreutzer, citado en *Your Pet's Secret Language* por Jhan Robbins (New York, N.Y.: Warner Books, Inc., 1975), 123.

19. John Malone, *The 125 Most Asked Questions About Cats (and the Answers)* (New York, N.Y.: William Morrow and Company, Inc., 1992), 88.

20. Jeane Dixon, *Do Cats Have ESP?* (New York, N.Y.: Aaron Publishing Group, 1998), 39–40. Este experimento también fue desarrollado bajo condiciones de laboratorio. Un gatito era colocado en un laberinto en forma de T, y un experimentador deseaba que el gato avanzara a la izquierda o derecha para seguir una secuencia predeterminada. Como los resultados de esta prueba fueron prometedores, el experimento se hizo más complejo. Un tazón con comida fue puesto al final de un brazo del laberinto. Se empleó

un ventilador para alejar el olor de la comida. Un experimentador de nuevo pensó en que el gato se dirigiera al alimento. Otra vez, los resultados estuvieron muy por encima del nivel de probabilidad. K. Osis y E. B. Foster, "A Test of ESP in Cats," *Journal of Parapsychology* 17 (1953): 168–186.

Capítulo tres

1. Martyn Lewis, *Dogs in the News* (London, UK: Little, Brown and Company, Limited, 1992), 4. Esto era cierto cuando *Cats in the News* fue publicado. Sin embargo, desde entonces, el número de perros en Gran Bretaña ha disminuido, mientras la cantidad de gatos ha aumentado. Ahora hay más gatos que perros en el Reino Unido, aunque más familias tienen perros. Esto se debe a que muchos hogares poseen dos o más gatos. La misma tendencia ha sido aparente en los Estados Unidos, donde ahora hay 59 millones de gatos y 53 millones de perros. (Humane Society of America, Washington, D.C., 1996).

2. Elizabeth Marshall Thomas, *The Hidden Life of Dogs* (New York, N.Y.: The Houghton Mifflin Company, 1993), 3–4.

3. June Whitfield, *Dogs' Tales* (London, UK: Robson Books Limited, 1987), 113.

4. Paulette Cooper y Paul Noble, *277 Secrets Your Dog Wants You to Know*, 30.

5. Aaron Honori Katcher y Alan M. Beck, *New Perspectives on Our Lives with Companion Animals*, 351–359.

6. V. L. Voith, "Behaviors, Attitudes and Interactions of Families with Their Dogs," un artículo presentado en las Conferencias sobre Human-Animal Bond, Irvine, Calif., y Minneapolis, Minn., junio 1983.

7. June Whitfield, *Dogs' Tales*, 21.

8. Ibíd., 33.

9. Hal Ryder, *Pompeii Revealed* (Chicago, Ill.: The Renault Company, 1946), 134.

10. Napoleon Bonaparte, citado en Joseph Wylder, *Psychic Pets* (New York, N.Y.: Stonehill Publishing Company, 1978), 71–72.

11. Yvonne Roberts, *Animal Heroes* (London, UK: Pelham Books, 1990), 4–5.
Si su perro ha hecho algo heroico, debería informarlo a Ken-L Rations. Cada año trescientos o cuatrocientos pe-rros son nominados para el premio de Ken-L Rations para el perro héroe del año, y el ganador recibe el suministro de un año de comida para perros Kibbles'n Bits y un tazón plateado. Para recibir las condiciones del concurso, envíe un sobre estampillado a Ken-L Rations Dog Hero of the Year Award, P.O. Box 1370, Barrington, IL 60011.

12. Phyllis Galde, "I See By the Papers," *Fate Magazine* (St. Paul, Minn.: Llewellyn Publications, septiembre 2000): 3.

13. La historia de Gelert y el príncipe Llywellyn es uno de los cuentos populares más conocidos en el País de Gales. Pa-rece que la historia puede no ser cierta, ya que la tumba de Gelert data de sólo doscientos años atrás. David Pritchard, el propietario del Royal Goat Inn, quería un truco publici-tario y "descubrió" la "antigua" tumba. Sobra decirlo, el negocio rápidamente mejoró, y hoy día, miles de turistas van a visitar el lugar cada año.

14. Dr. Stanley Coren, *Why We Love the Dogs We Do*, 3–4.

15. Myrna M. Milani, *The Invisible Leash: A Better Way to Communicate with Your Dog* (New York, N.Y.: New American Library, 1985), 16.

16. Dr. Stanley Coren, *Why We Love the Dogs We Do*, 30–31.

17. June Whitfield, *Dogs' Tales*, 138.

18. Angela Patmore, *Your Obedient Servant: The Story of Man's Best Friend* (London, UK: Hutchinson and Company [Publishers] Limited, 1984), 95.

19. Dr. Rupert Sheldrake, *Dogs That Know When Their Owners Are Coming Home and Other Unexplained Powers of Animals* (London, UK: Hutchinson, 1999), 77.

20. J. Allen Boone, *Kinship with All Life* (New York, N.Y.: Harper & Row, Publishers, Inc., 1954), 35.

21. Dr. Rupert Sheldrake, *Dogs That Know When Their Owners Are Coming Home and Other Unexplained Powers of Animals*, 196–197.

22. Milan Ryzl, *Parapsychology: A Scientific Approach* (New York, N.Y.: Hawthorn Books, Inc., 1970), 141.

23. R. C. Finucane, *Appearances of the Dead: A Cultural History of Ghosts* (Buffalo, N.Y.: Prometheus Books, 1984), 145.

24. Dr. Stanley Coren, entrevista con *The Charlie Rose Show*, abril 13, 1994.

25. Yvonne Roberts, *Animal Heroes*, 32.

26. Ibíd, 69–70. también Jilly Cooper, *Intelligent and Loyal* (London, UK: Eyre Methuen Limited, 1981), 204.

27. Martyn Lewis, *Dogs in the News*, 125–126.

28. Robert Morris, *Precognition in Laboratory Rats*. Citado en *Prophecy in our Time* por Martin Ebon (New York, N.Y.: New American Library, Inc., 1968. Reimpreso por Wilshire Book Company, Los Angeles, Calif., 1971), 174.

29. Jilly Cooper, *Mongrel Magic: A Celebration of the Mongrel* (London, UK: Eyre Methuen, Limited, 1981), 205.

30. *Proceedings*, volumen XIII (New York, N.Y.: American Society for Psychical Research, 1919).

31. Nandor Fodor, *Encyclopaedia of Psychic Science* (New York, N.Y.: University Books, Inc., 1966), 4. (Originalmente publicado en 1934.)

32. Sheila Ostrander y Lynn Schroeder, *Psychic Discoveries Behind the Iron Curtain* (Englewood Cliffs, NJ: Prentice-Hall, Inc., 1970), 132–134.

33 Milan Ryzl, *Parapsychology: A Scientific Approach*, 152.

34. Joseph E. Wylder, *Psychic Pets* (New York, N.Y.: Stonehill Publishing Co., 1978), 131–132.

35. Alfred Douglas, *Extra Sensory Power: A Century of Psychical Research* (London, UK: Victor Gollancz Limited, 1976), 336–337.

36. El experimento ruso involucraba conejos. Los conejos bebés fueron puestos a bordo en un submarino y su madre fue dejada en un laboratorio en tierra, donde le colocaron electrodos en su cerebro. Cuando el submarino estaba a una gran profundidad en el océano, los conejos bebés fueron sacrificados uno por uno. Cada vez que uno moría, ocurría una reacción en el cerebro de la madre. Sheila Ostrander y Lynn Schroeder, *Psychic Discoveries Behind the Iron Curtain* (Englewood Cliffs, N.J.: Prentice-Hall, Inc., 1970), 32–33.)

37. "See Spot See Blue," University of California en Santa Barbara, Calif., reportaje en *Scientific American*, enero 1990, 87–89.

38. Rolf Harris, *Tall Animal Tales* (London, UK: Headline Book Publishing, 2000), 227.

Capítulo cuatro

1. Elwyn Hartley Edwards, *The Encyclopedia of the Horse* (New York, N.Y.: Dorling Kindersley Publishing, Inc., 1994), 70–71.

2. *The New Encyclopaedia Britannica*, Macropaedia, Volumen 8 (Chicago, Ill.: Encyclopaedia Britannica, Inc., decimoquinta edición, 1983), 1088.

3. Desmond Morris, *Horsewatching* (London, UK: Jonathan Cape Limited, 1988), 28.

4. Lawrence Scanlan, *Wild About Horses: Our Timeless Passion for the Horse* (New York, N.Y.: HarperCollins Publishers, Inc., 1998), 293.

5. Anna Sewell, *Black Beauty*. primera publicación en 1877. Disponible en muchas ediciones. Mi edición fue publicada por William Collins Sons and Co. Limited, London, UK, 1953, 71.

6. Anthony Wootton, *Animal Folklore, Myth and Legend* (Poole, UK: Blandford Press, 1986), 68.

7. Lawrence Scanlan, *Wild About Horses: Our Timeless Passion for the Horse*, 295.

8 C. A. McCall, "A Review of Learning Behavior in Horses and its Applications in Horse Training," *Journal of Animal Science* 68 (1990): 75–81.

9. Henry Blake, *Talking with Horses* (New York, N.Y.: E. P. Dutton and Company, Inc., 1976.)

10. Terence Hines, *Pseudoscience and the Paranormal* (Buffalo, N.Y.: Prometheus Press, 1988), 83–84. En realidad, debido al temor de que Hans pudiera haber tenido una auténtica habilidad psíquica, los científicos ignoraron la oportunidad para estudiar las capacidades comunicativas de los caballos.

Esto pudo y debió haber conducido a un estudio más importante sobre la comunicación entre animales y humanos.

11. Brian Inglis, *The Hidden Power* (London, UK: Jonathan Cape Limited, 1986), 194–195.

12. Nandor Fodor, *Encyclopaedia of Psychic Science*. Originalmente publicado en 1934. Publicado de nuevo por University Books, Inc., 1966, 4.

13. J. B. Rhine y L. E. Rhine, "An Investigation of a Mind-Reading Horse," *Journal of Abnormal Social Psychology* 23 (1929): 449–466. Un informe consecutivo fue incluido en el volumen 24 (1929): 287–292.

14. Jack Woodford, "Lady Was a Wonder," *Fate Magazine*, febrero de 1963. Reimpreso en *Psychic Pets and Spirit Animals* (St. Paul, Minn.: Llewellyn Publications, 1996), 13–23.

15. Dennis Bardens, *Psychic Animals* (New York, N.Y.: Henry Holt and Company, Inc., 1988), 119.

16. Phyllis Raybin Emert, *Mysteries of Bizarre Animals and Freaks of Nature* (New York, N.Y.: Tor Books, 1994), 26. Esta periodista permaneció escéptica, pensando que la Sra. Fonda de algún modo había transmitido en clave la respuesta a Lady Wonder. Por consiguiente, le pidió al animal que le dijera su segundo nombre. Lady Wonder inmediatamente deletreó la respuesta correcta, una información que debe haber captado clarividentemente de la periodista.

17. Jack Woodford, "Lady was a Wonder," *Fate Magazine* (Febrero de 1963). Reimpreso en *Psychic Pets and Spirit Animals* (Llewellyn Publications, St. Paul, Minn., 1996), 13–23.

18. Rolf Harris, *True Animal Tales* (London, UK: Random House, 1997), 133–134.

19. Caso E. 423, *Proceedings of the Society for Psychical Research*, London, UK (Vol 53, Part 191, 1960).

20. H. Munro Fox, *The Personality of Animals* (London, UK: Penguin Books, 1940. Edición revisada 1952), 48.

21. Harry Blake, *Talking with Horses: A Study of Communication Between Man and Horse* (London, UK: Souvenir Press, 1975), 131.

22. Ibíd., 115–116.

Capítulo cinco

1. J. Allen Boone, *Kinship with All Life*, 145–149.

2. Anthony Wootton, *Animal Folklore, Myth and Legend*, 67–68.

3. Martin Ebon, *Prophecy in Our Time* (New York, N.Y.: The New American Library, Inc., 1968). Mi edición fue publicada por Wilshire Book Company (North Hollywood, Calif., 1971), 173.

4. P. Duval y E. Montredon, "ESP Experiments with Mice," *Journal of Parapsychology* 32 (1968): 153–166.

5. W. J. Levy, L. A. Mayo, E. André,y A. McRae, "Repetition of the French Precognition Experiments with Mice," *Journal of Parapsychology* 35 (1971): 1–17.

6. John Randall, "Experiments to Detect a Psi Effect with Small Animals," *Journal of the Society for Physical Research* (1971): 46: 31–39.

7. *Into the Unknown* (Sydney, Australia: Reader's Digest Services Pty. Ltd., 1982), 242–244. También Joseph E. Wylder, *Psychic Pets* (New York, N.Y.: Stonehill Publishing Company, 1978), 66.

8. D. Scott Rogo, "Do Animals Have ESP?" Artículo en *Fate Magazine*, julio de 1986. Reimpreso en *Psychic Pets and Spirit Animals* (St. Paul, Minn.: Llewellyn Publications, 1996), 35–36.

Capítulo seis

1. Steven Drozdeck, Joseph Yeager, y Linda Sommer, *What They Don't Teach You in Sales 101: How Top Salespeople Recognize and Respond to Nonverbal Buying Signals* (New York, N.Y.: McGraw-Hill, Inc., 1991), xiv.

2. Hay muchas fuentes para la historia de James McKenzie. La más completa es James McNeish, *The Mackenzie Affair* (Auckland, NZ: Hodder and Stoughton Limited, 1972).

3. Ann Walker, *Talk with the Animals* (Melbourne, Australia, Thomas Nelson Australia, 1983), 20.

4. Trillis Parker, *Horse's Talk: It Pays to Listen* (Las Vegas, Nev.: Parker Productions, Inc., edición revisada 1989), 53.

5. J. Allen Boone, *Kinship with All Life*, 74–75 y 78–79.

6. Sheila Hocken, *Emma and I* (London, Sphere Books, 1978).

7. Tim Austin, *Dog Psychology* (Australia, Tim Austin, 1978).

8. Richard Webster, *Spirit Guides and Angel Guardians* (St. Paul, Minn.: Llewellyn Publications, 1998), 29–76. También publicado en español como *Ángeles guardianes y guías espirituales* (St. Paul, Minn.: Llewellyn Español, 2000).

Capítulo siete

1. Mrs. M. E. Dyett, "The Dog Ghost that Worked," *Dogs That Serve*, Compilado por L. G. Cashmore (London, UK: George Ronald, 1960), 64–66.

2. William Bulstrode, *Tales of the British Raj* (London, UK: Curwen Publishing, 1898), 576.

3. Dorothy Bomar Bradley y Robert A. Bradley, M.D., *Psychic Phenomena* (New York, N.Y.: Warner Books, Inc., 1969), 76–77. Originalmente publicado por Parker Publishing Co., Inc., 1967.

4. Robert Campion Ennen, "Gerigio, the Phantom Dog of Turin," *Psychic Pets and Spirit Animals* (St. Paul, Minn.: Llewellyn Publications, 1996), 249–253. Originalmente publicado en *Fate Magazine*, noviembre de 1949.

5. Nina Epton, *Cat Manners and Mysteries*, 185–186.

6. *Proceedings of the Society for Psychical Research* (volumen X), 127.

7. Mrs. Osborne Leonard, "Two Planes," *The International Psychic Gazette* (London, UK: The International Psychic Gazette Limited), abril de 1918.

8. Lo que hace esta historia aun más extraordinaria es que los pequineses sólo fueron introducidos a Gran Bretaña en 1860, cuando cuatro de estos perros fueron regalados a la reina Victoria. Para ese tiempo, la leyenda del perro de las margaritas ya tenía cientos de años. El libro de Ruth L. Tongue *Forgotten Folk-Tales of the English Counties* (London, UK: Routledge and Kegan Paul, 1970), contiene varios relatos de personas que han muerto después de recibir una mordedura de este perro fantasma.

9. Katharine Briggs, *A Dictionary of Fairies* (London, UK: Allen Lane Limited, 1976), 301.

10. Personal e-mails de Stefan Dardik, septiembre 5–7, 2000.

11. Elliott O'Donnell, *Animal Ghosts* (London, UK: Farnell and Company, 1922), 78. Originalmente publicado en 1913.

12. Leonard George, *Alternative Realities: The Paranormal, the Mystic and the Transcendent in Human Experience* (New York, N.Y.: Facts on File, Inc., 1995), 19.

Capítulo ocho

1. Rolf Harris, Mark Leigh, y Mike Lepine, *True Animal Tales* (London, UK: Century Limited, 1996), 161.

2. Rolf Harris, Mark Leigh, y Mike Lepine, *True Animal Tales* (London, UK: Random House, 1997), 29–30.

3. John J. Kohut y Roland Sweet, *Strange Tails* (New York, N.Y.: Plume Books, 1999), 139.

4. Ibíd., 139.

5. Ibíd., 139.

6. Rolf Harris, *Tall Animal Stories* (London, UK: Headline Book Publishing, 2000), 59.

7. Sheila Burnford, *The Incredible Journey* (London, UK: Hodder and Stoughton Limited, 1961).

8. Rolf Harris, Mark Leigh, y Mike Lepine, *True Animal Tales*, 156.

9. Brian Inglis, *The Hidden Power*, 197.

10. J. B. Rhine y S. R. Feather, "The Study of Cases of 'Psi-Trailing' in Animals," *Journal of Parapsychology* 15 (1962): 1–22.

11. E. H. Herrick, "Homing Powers of the Cat," *Science Monthly* 14 (1922): 526–539.

12. Bastian Schmidt, "Vorläufiges Versuchsergebnis über das handliche Orienterungsproblem," *Zeitschrift für Hunderforschung* 2 (1932): 133–156. Vea también Bastian Schmidt, *Interviewing Animals* (London, UK: Allen and Unwin Limited, 1936).

13. Desmond Morris, *Catwatching* (London, UK: Jonathan Cape Limited, 1986), 94–95.

14. G. H. Lemish, *The Dogs of War: Canines in Combat* (Washington, D.C.: Brassey and Company, Inc., 1996), 220.

15. Milan Ryzl, *Parapsychology: A Scientific Approach*, 141.

16. Dr. J. B. Rhine, *New World of the Mind* (New York, N.Y.: William Sloane Associates, 1953), 178–179.

Capítulo nueve

1. Diane Tennant, "The Horse Psychic," *The New Zealand Society of Dowsing and Radionics (Inc.) Journal* 24 (1, marzo 2001): 11. Originalmente publicado en *The American Dowser* (verano, 2000).

2. *Species-Link: A Journal of Interspecies Communication* es publicado trimestralmente por Pegasus Publications, P.O. Box 1060, Point Reyes, CA 94956. (415) 663-1247.

Capítulo diez

1. Peter y Elizabeth Fenwick, *The Hidden Door* (London, UK: Headline Book Publishing, 1997), 156.

2. Ibíd., 5.

3. *MIT News*, "Animals Have Complex Dreams, MIT Researcher Proves" (Cambridge, Mass: enero 24, 2001.)

4. Hervey de Saint-Denys, *Dreams and How to Guide Them*, traducido por N. Fry, editado y con una introducción de Morton Schatzman (London, UK: Duckworth and Company, 1982). Originalmente publicado en 1867.

5. Colin Wilson, *Beyond the Occult* (London, Guild Publishing, 1988), 154–155.

LECTURAS SUGERIDAS

Adams, Janine. *You Can Talk To Your Animals.* Foster City, Calif.: IDG Books Worldwide, Inc., 2000.

Alexander, Charles. *Bobbie: A Great Collie of Oregon.* New York, N.Y.: Dodd Mead and Company, 1926.

Anderson, Allen y Linda. *Angel Animals: Exploring Our Spiritual Connection with Animals.* New York, N.Y.: Penguin Putnam, Inc., 1999.

Asbell, Bernard. *The Book of You.* New York, N.Y.: Fawcett Columbine, 1991.

Bardens, Dennis. *Psychic Animals.* New York, N.Y.: Henry Holt and Company, Inc., 1988.

Blake, Harry. *Talking with Horses: A Study of Communication Between Man and Horse.* London, UK: Souvenir Press, 1975. New York, N.Y.: E. P. Dutton and Company, Inc., 1976. Publicado de nuevo por Trafalgar Square Publishing, Vermont, 1990.

———. *Horse Sense.* North Pomfret, Vt.: Trafalgar Square Publishing, 1994.

Boone, J. Allen. *Kinship with All Life.* New York, N.Y.: Harper & Row, 1954.

Bright, Michael. *The Dolittle Obsession.* London, UK: Robson Books Limited, 1990.

Budiansky, Stephen. *The Nature of Horses: Exploring Equine Evolution, Intelligence and Behavior.* New York, N.Y.: The Free Press, 1997.

Burton, Maurice. *The Sixth Sense of Animals.* London, UK: J. M. Dent & Sons Limited, 1973.

Burton, Robert. *Animal Senses.* Newton Abbott, UK: David and Charles (casa editorial) Limited, 1970.

Caras, Roger A. *A Dog Is Listening.* New York, N.Y.: Summit Books, 1992.

Cooper, Jilly. *Mongrel Magic: A Celebration of the Mongrel.* London, UK: Eyre Methuen Ltd., 1981.

———. *Intelligent and Loyal.* London, UK: Eyre Methuen Limited, 1981.

Cooper, Paulette, y Paul Noble. *277 Secrets Your Dog Wants You to Know.* Berkeley, Calif.: Ten Speed Press, 1995.

Coren, Dr. Stanley. *The Intelligence of Dogs: Canine Consciousness and Capabilities.* New York, N.Y.: The Free Press/ Macmillan Publishing, 1994.

———. *Why We Love The Dogs We Do.* New York, N.Y.: The Free Press, 1998.

Dale-Green, Patricia. *Cult of the Cat.* New York, N.Y.: Houghton Mifflin Company, 1963.

Dixon, Jeane. *Do Cats Have ESP?* New York, N.Y.: Aaron Publishing Group, 1998.

Dodman, Dr. Nicholas. *The Cat Who Cried for Help.* New York, N.Y.: Bantam Books, 1997.

Downer, John. *Supersense: Perception in the Animal World.* New York, N.Y.: Henry Holt and Company, Inc., 1989.

Durov, Vladimir. *Training of Animals.* London, UK: George Routledge and Sons, 1937.

Ebon, Martin. *Prophecy in Our Time.* New York, N.Y.: The New American Library, Inc., 1968.

Eckstein, Warren, con Fay Eckstein. *How to Get Your Cat to Do What You Want.* New York, N.Y.: Villard Books, 1991.

Edwards, Elwyn Hartley. *The Ultimate Horse Book.* London, UK: Dorling Kindersley Limited, 1991.

Emert, Phyllis Raybin. *Mysteries of Bizarre Animals and Freaks of Nature.* New York, N.Y.: Tor Books, 1994.

Epton, Nina. *Cat Manners and Mysteries.* London, UK: Michael Joseph Ltd., 1973.

Evans, George Ewart. *Horse Power and Magic.* London, UK: Faber and Faber Limited, 1979.

Fate Magazine. *Psychic Pets and Spirit Animals.* St. Paul, Minn.: Llewellyn Publications, 1996.

Fitzpatrick, Sonya, con Patricia Burkhart Smith. *What the Animals Tell Me.* New York, N.Y.: Hyperion Books, 1997.

Fogle, Dr. Bruce. *The Dog's Mind: Understanding Your Dog's Behavior.* New York, N.Y.: Howell Book House, 1990.

Freedman, Russell, y James E. Morriss. *Animal Instincts.* New York, N.Y.: Holiday House, Inc., 1970.

Gallico, Paul. *The Silent Miaow.* New York, N.Y.: Crown Publishers, Inc., 1964.

Gooch, Stan. *The Secret Life of Humans.* London, UK: J. M. Dent & Sons Limited, 1981.

Gordon, Stuart. *The Paranormal: An Illustrated Encyclopedia.* London, UK: Headline Book Publishing, 1992.

Gould, James L., y Carol Grant Gould. *The Animal Mind.* New York, N.Y.: Scientific American Library, 1994.

Harris, Rolf. *Tall Animal Stories.* London, UK: Headline Book Publishing, 2000.

Hart, Stephen. *The Language of Animals.* New York, N.Y.: Henry Holt and Company, Inc., 1996.

Haynes, Renee. *The Seeing Eye, The Seeing I: Perception, Sensory and Extra-Sensory.* London, UK: Hutchinson and Co. (Editores) Limited, 1976.

Hearne, Vicki. *Adam's Task: Calling Animals by Name.* London, UK: William Heinemann Limited, 1987.

Hodson, Geoffrey. *Authentic Stories of Intelligence in Animals.* Auckland, NZ: The Council of Combined Animal Welfare Organisation of New Zealand, n.d.

Holland, Barbara. *The Name of the Cat.* New York, N.Y.: Dodd, Mead and Company, 1988.

Howey, M. Oldfield. *The Cat in Magic, Mythology and Religion.* New York, N.Y.: Crescent Books, 1989. (Publicado originalmente como *The Cat in the Mysteries of Religion and Magic* por Rider and Company, London, n.d.)

"Into the Unknown." Sydney, Australia: Reader's Digest Services Pty. Limited, 1982.

Jenkins, Sid. *Animals Have More Sense.* London, UK: William Collins Sons and Company Limited, 1987.

Kindermann, Henny. *Lola: Or the Thought and Speech of Animals.* (No aparece editorial), 1922.

Lorenz, Konrad. *Man Meets Dog.* London, UK: Penguin Books, 1953.

Loxton, Howard. *99 Lives: Cats in History, Legend and Literature.* San Francisco, Calif.: Chronicle Books, 1998.

Lydecker, Beatrice. *What the Animals Tell Me.* New York, N.Y.: Harper & Row, 1977.

Maeterlinck, Morris. *The Unknown Guest.* London, UK: Methuen and Company Limited, 1914. New York, N.Y.: Dodd, Mead, and Company, 1914.

Meyer, Judy. *The Animal Connection.* New York, N.Y.: Penguin Putnam, Inc., 2000.

Milani, Myrna M. *The Invisible Leash: A Better Way to Communicate with Your Dog.* New York, N.Y.: New American Library, 1985.

Morris, Desmond. *Catwatching.* London, UK: Jonathan Cape Limited, 1986.

————. *Horsewatching.* London, UK: Jonathan Cape Limited, 1988.

Myers, Arthur. *Communicating with Animals.* Chicago, IL: Contemporary Books, 1997. (Este libro también incluye un listado de comunicadores de animales en Estados Unidos y Canadá).

Nollman, Jim. *Animal Dreaming.* New York, N.Y.: Bantam Books, 1987.

Parker, Steve. *How Do We Know Animals Can Think?* Austin, Tex.: Raintree Steck-Vaughn Publishers, 1995.

Patmore, Angela. *Your Obedient Servant: The Story of Man's Best Friend.* London, UK: Hutchinson and Company (Editores) Limited, 1984.

Redgrove, Peter. *The Black Goddess and the Sixth Sense.* London, UK: Bloomsbury Publishing Limited, 1987.

Rhine, J. B. *New World of the Mind.* New York, N.Y.: William Sloane Associates, 1953.

Rhine, J. B., y J. G. Pratt. *Parapsychology: Frontier Science of the Mind.* Springfield, Ill.: Charles C. Thomas, 1957. Edición revisada, 1962.

Roberts, Monty. *The Man Who Listens to Horses.* New York, N.Y.: Random House, Inc., 1997.

Roberts, Yvonne. *Animal Heroes.* London, UK: Pelham Books, 1990.

Rowdon, Maurice. *The Talking Dogs.* London, UK: Macmillan and Company Limited, 1978.

Sales, Gillian, y David Pye. *Ultrasonic Communication by Animals.* London, UK: Chapman and Hall Limited, 1974.

Scanlan, Lawrence. *Wild About Horses: Our Timeless Passion for the Horse.* New York, N.Y.: HarperCollins Publishers, Inc., 1998.

Schul, Bill. *The Psychic Power of Animals.* London, UK: Coronet Books/Hodder & Stoughton Limited, 1978.

Sheldrake, Rupert. *Dogs That Know When Their Owners Are Coming Home and Other Unexplained Powers of Animals.* London, UK: Hutchinson, 1999.

Smith, Penelope. *Animal Talk.* Hillsboro, Ore.: Beyond Words Publishing, INC., 1999. (Originalmente publicado por Pegasus Publications en 1982.)

———. *Animals . . . Our Return to Wholeness.* Point Reyes, Calif.: Pegasus Publications, 1993.

Sparks, John. *The Discovery of Animal Behaviour.* London, UK: William Collins Sons and Company Limited, 1982.

Steiger, Brad. *Man and Dog.* New York, N.Y.: Donald I. Fine, Inc., 1995.

Sutton, John. *Psychic Pets.* Hillsboro, Ore.: Beyond Words Publishing, Inc., 1997.

Thomas, Elizabeth Marshall. *The Hidden Life of Dogs.* New York, N.Y.: The Houghton Mifflin Company, 1993.

Thomas, Warren D., y Daniel Kaufman. *Elephant Midwives, Parrot Duets and Other Intriguing Facts About the Animal Kingdom.* London, UK: Robson Books Limited, 1991.

Tributsch, Helmut. *When the Snakes Awake: Animals and Earthquake Prediction.* Cambridge, Mass.: The MIT Press, 1982. (Publicado originalmente como *Wenn die Schlangen Erwachen* por Deitsche Verlags-Anstalt GmbH, Stuttgart, Alemania, 1978.)

Walker, Ann. *Talk with the Animals.* Melbourne, Australia: Thomas Nelson, 1983.

Whitfield, June. *Dogs' Tales.* London, UK: Robson Books Limited, 1987.

Whittemore, Hank, y Caroline Hebard. *So That Others May Live: Caroline Hebard and her Search-and-Rescue Dogs.* New York, N.Y.: Bantam Books, 1995.

Williams, Rev. Charles. *Dogs and Their Ways.* London, UK: George Routledge and Company, 1865.

Woodhouse, Barbara. *Talking to Animals.* London, UK: Fontana Books, 1974.

———. *Almost Human.* London, UK: Penguin Books, 1981.

Wootton, Anthony. *Animal Folklore, Myth and Legend.* Poole, UK: Blandford Press, 1986.

Wylder, Joseph. *Psychic Pets.* New York, N.Y.: Stonehill Publishing Company, 1978.

Zeuner, Frederick E. *A History of Domesticated Animals.* New York, N.Y.: Harper & Row, 1963.

Índice

Scott Cunningham

HERBALISMO MÁGICO

Actualmente estamos experimentando una
reconección con el mundo natural.
Este libro sobre el arte y la práctica del
herbalismo le enseñará cómo usar esta magia
antigua y natural para mejorar su vida
y la de sus seres amados.

5³⁄₁₆" x 8" • 288 págs.

0-7387-0296-X

Oferta especial: ¡Reciba su carta astral gratis!

Cómo entender
su carta
Astral

Octavio Déniz

Octavio Déniz

CÓMO ENTENDER SU CARTA ASTRAL

La carta astral es la herramientamás eficiente
para interpretar la relación entre el
ser interior y el universo.
Cómo entender su carta astral le enseñará a
entender los elementos que conforman
la carta astral para comienzar una exploración
fascinante hacia el universo interior.

7½" x 9⅛" • 312 págs.

0-7387-0215-3

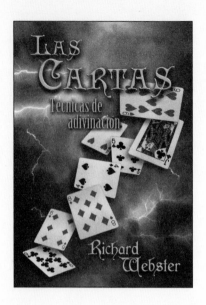

Richard Webster

LAS CARTAS
Técnicas de adivinación

Es posible que usted tenga en casa uno
de los métodos de adivinación más poderosos
y efectivos de todos —la baraja—.
Las Cartas le enseñara cómo leer las cartas
empleando cualquier tipo de baraja.

5³⁄₁₆" x 8" • 216 págs.

0-7387-0268-4

MABEL IAM

¿Qué hay Detrás de tu Nombre?

Descubre tu destino

Ángel protector

Compatibilidad astrológica

Mabel Iam

¿QUÉ HAY DETRÁS DE TU NOMBRE

Mabel revela en esta obra cómo emplear las cualidades y los poderes en nuestro nombre para fortalecer el autoestima y mejorar las relaciones con los demás. Contiene el significado de las letras, la personalidad detrás de los nombres, el Ángel correspondiente para cada nombre y su compatibilidad astrológica.

5³⁄₁₆" x 8" • 384 págs.

0-7387-0257-9

Stephanie Clement, Ph.D.

MEDITACIÓN PARA PRINCIPIANTES

Por medio de simples ejercicios, aprenda a
meditar paso a paso para lograr los beneficios
de esta práctica espiritual.
Mejore su concentración, relájese en minutos
y aumente su rendimiento físico

5³⁄₁₆" x 8" • 264 págs.

0-7387-0266-8